U0020398

從年輕人到
銀髮族都適用的

強膝訓練

一週兩小時，從喚醒肌肉、關節、結締組織到打造關鍵功能性肌力，
從此遠離膝蓋疼痛及退化，擁有不易受傷、行動自如的身體

Functional Training to
STRENGTHEN YOUR
KNEES AND LIFE

專業運動訓練平台「山姆伯伯工作坊」創辦人
梁友瑋（山姆伯伯）——著

推薦序
書如其人：少即是多

徐國峰（運動作家）

我跟山姆是因為合作課程而認識，他多次邀我講課，最重要的一次是在 2013 年，他和 don1don 聯合邀我以〈該怎麼練，才能跑好一場馬拉松〉為題來分享全馬的訓練理論與方法。為了這場分享所準備的講義也促成了我後來完成著作《全方位的馬拉松科學化訓練》與譯著《丹尼爾博士跑步方程式》這兩本書。這背後的幕後功臣出自山姆的好奇心，他透過不斷來信提問，確認我列大綱中的各項子題，幫助我不斷理清思緒與重組講課內容。

現在回想起來，這幾次分享對我後續幾年的轉變意義重大。沒有山姆的課、錄製的影片與分享的初衷，接下來的很多事情可能都不會發生，我可能現在還是只會躲在花蓮讀書寫作和翻譯，不會跟外界有太多接觸。

我很敬重山姆。他非常有被討厭的勇氣，是一位勇敢、自立、不需要別人的認同而且很有原則的人。他每次向我提出的主題，都是我從沒講過的（包括後來的「失重」與「練心」等偏門的主題），所以都讓我很害怕，但同時也很興奮（躍躍欲試）。我也很好奇：你怎麼敢辦主題這麼生硬又冷門的講座？但我現在不用問也知道山姆的答案：因為他好奇、他感興趣、也想要聽。山姆常說，他只想分享他覺得好的東西，像他賣的各種器材也是他去挖出來，自己真心覺得很好用、有品質之後才上架來賣。所以能被他邀來講課，我備感榮幸。

Share ≠ Show

「分享好知識、好東西」是他辦課程和賣產品的中心原則。這句話誰都會說，但要像山姆這樣徹底實踐自己訂定的原則，把「分享」奉為圭臬的人是少之又少。

山姆是個非常認真的人，我很喜歡跟他討論訓練的學問。因為他很有好奇心，所以學了很多東西，關於訓練懂得很多。雖然學了這麼多東西，但他教課的時候不會去「秀」他有多厲害。他在分享或教學時，語句都很淺顯易懂，極少用專業的術語來指導學員。這並不是指他不專業，他懂的術語和讀過的資料也很多，只是他會經過自己的轉化，把專業的訓練知識和科學化訓練的學問，轉譯成讓其他人可以執行的動作或課表，並用學員可以理解的語言來進行教學，對他人實際產生幫助。本書的文句亦有他一貫的風格。

「帶十把劍上陣，不如磨亮其中一把劍。」

這是我聽山姆說過最多次的一句話。他所用的那把劍是麥克 · 波羅伊的訓練系統。這也是我們的相似之處，關於耐力訓練系統，我也研讀了眾多學問與體系，再從中挑了一把最重要的劍：羅曼諾夫博士的 Pose Method，花了數年的時間打磨。

我們都選定了一套系統，很認真鑽研並加以實踐。不只是自己練，也帶別人練，並研究如何能使人在這一套系統中練得更好。我想我們都算是比較認真且聽話的學生，挑了一個系統之後就會認真研究與實踐，所以不管書中說什麼、教了什麼動作，都會先照單全收自己練過，先全部吃進去，把營養慢慢消化吸收，再把不太好或適應不良的東西排出去（不論吃再營養的東西，也總要排便）。

我們不會變成自己吃的東西，而是把吃進去的東西轉化成我們自己的一部分。如今山姆也寫了自己的書，把消化吸收的養分轉化成自己的一部分。看到這本書的完成，我很為他感到開心，讀過之後，更為驚喜。

這本書中每個章節所介紹的動作都不困難，甚至有些做起來感覺不痛不癢，像前四章的動作對某些人來說可能連「痠」的感覺都不太會有，但它們所帶來的「熱身與保養」效果，卻是每一個運動愛好者都需要的。在我的認知中，前面這幾章的訓練，是為了讓身體回到健康狀態。有太多人身體還在處於一個低活動度與未開機的狀態就開始大量操練課表，那反而會愈練愈糟，所以書中先告訴大家可以用哪些方式來重整與優化自己的身體。

到了第五章開始進入肌力訓練的環節，山姆先說明了「作用肌」與「協同肌」之間的關係，並說明如何喚醒臀部這個常常睡著的關鍵作用肌群。整章就只介紹三個動作：1) 橋式、2) 利用彈力帶阻力進行髖關節運動和 3) 深蹲。第六章談到下肢肌力訓練時也只提了五個動作，分別是：1) 分腿蹲、2) 啞鈴酒杯蹲、3) 後腳抬高蹲、4) 單腳蹲與 5) 硬舉。第七章談核心訓練，大部分坊間的其他書談到這個部分，多會洋洋灑灑列出數十種動作和圖片來，但山姆只教「單跪姿斜向畫線」這一個動作及其變化式。全書只選了這九種力量訓練動作來教學。我知道山姆並不是指其他核心動作不練或沒用，而是遵循他一直強調的「少即是多」原則，挑出他認為最重要的動作，並仔細說明這些動作的指導語、起始與結束姿勢的重點以及倒階／進階變化式。

這也是我認為山姆最強的地方！他對單一動作的研究很深入，這些動作幾乎所有的肌力教練都在教，但山姆可以發現這個動作的許多細節，像常見的偏差有哪些、偏差的原因、做不好時該如何倒階以及何時要倒階、何時該進階、如何負重、該怎麼練比較容易引導學員做對等等。以第五章的「橋式」這個動作來說，動作很簡單，幾乎每個人都可以連續做個十多下，但如何以「臀部」為主要的作用肌來執行這個動作，而非用下背或後大腿來驅動，這種微小的差別，就需要細膩的觀察與指導，才能幫助學員把這個動作做對。

他將一些教學中常見的狀況寫在書裡，把訓練時該注意的「細節」說得很詳細。這是他吸收前人的養分後結合他個人教學經驗所總結出來的。他不求動作多樣，而是求少、求精、在動作教學的細節中做工作。前陣子我們在線上討論時，他強調：「做對、做確實比做多、做含糊來得重要！」說得極好。

幾年前他有次跟我說他想做線上教育影片，每段影片都講個小「眉角」。他認為從小細節著手，就會堆積成很專業的能力。他行動力很強，剛說完就開始做，一直做到現在，我看他動作影片已經拍了好長一段時間了，累積了不少素材，現在山姆這本書把影片和文字整合起來，書中許多重要動作旁邊都有 QR Code 可以直接看到山姆請運動員示範的動作教學影片。

我跟山姆雖然研究主題與教學的對象很不一樣，但相同的是都很重視「熱身」。我們都很喜歡的《週期化力量訓練系統》這本著作，是被全美大學力量與體能協會譽為「該領域的傳奇人物」的美國名人堂教練艾爾．米勒等人所著，他在書中提到：「熱身很重要。你可以這樣想：一週練 4 次，若持續 12 星期，每次訓練前都熱身 15 分鐘，總計在熱身花了 12 小時的時間。不要浪費動作品質的改善機會。」（頁 103）

山姆也在貫徹這個重要原則，他在書中提到：「當你『了解』熱身的重要性時，你會更願意去執行它。」所以他在前四章詳細說明了各動作的功能與效益，並在第八章的步驟一與二中整合成熱身課表，讓讀者可以直接照表操課。也就是說，全書有接近二分之一的篇幅在談熱身，這點我是相當認同的。在我帶過的跑步、自行車、游泳訓練營中，也都把熱身看成跟主課表同等重要，絕不能缺，那是保證主課表訓練品質與避免受傷的關鍵環節。我們都自己設計出一套熱身儀式，如果你不知道在你所從事的運動與訓練前要怎麼熱身的話，從這本書中你就可以學到一個簡單、易操作且有效的熱身動作與流程。

因為山姆已在肌力與避免傷痛這個領域花了很多時間摸索過了，拿起這本書的你，有幸不用再花同樣的時間走同樣的路。訓練圈如同武俠中的世界，有些功力高深的教練和選手會擔心自己的東西被別人學走，但我和山姆都認為就是要被別人學走，才能再進步。愈怕東西被學走時，自己愈會趨於保守。守住知識的人會變成一攤死水，唯有不斷分享與學習的人，才能像活水一樣始終清澈。這是我對山姆這個人的印象。正所謂「書如其人」，雖原指書法，不過從這本書中的話語，你可以讀到山姆的知識與教學是活的、是清澈的。誠心把這本書推薦給大家。

徐國峰

2021 年 11 月 4 號寫於花蓮

目次

1

Chapter

前言與介紹

為什麼我想寫這本書：膝蓋傷痛的過去

我在 2010 年初開始接觸跑步，常常跑到一半，膝蓋外側就會疼痛，每跑一步，那明顯的疼痛會讓人不得不停下腳步來。我先求助復健診所，醫師診斷是「髂脛束摩擦症候群」，幾次診治下來，用了電熱療法或貼片，再加上在家用滾筒按摩，狀況雖然稍有緩解，但跑步時還是偶爾會膝蓋疼痛，好像有顆「不定時炸彈」在那邊，讓人很不安心。

難道只有放棄跑步，才能讓膝蓋完全康復嗎？我在網路上不斷找尋相關資料，最後在美國知名運動網站「跑者世界」（Runner's World）上找到一篇文章〈想預防下肢受傷，重要的是髖關節，而不是腳部〉（To Prevent Leg Injuries, Look to the Hips, Not the Feet），其中提到：

「髖關節穩定肌群無力」是跑步時下肢容易疼痛或受傷的主因。史丹佛學者 Michael Fredericson 的一項研究指出，對 24 位患有髂脛束摩擦症候群的跑者進行髖外展肌的訓練，短短的 6 週後，其中 22 位患者恢復到無痛跑步。

因此，我開始進行髖外展的訓練，每週兩次，其他日子一樣會跑步，只是先縮短距離。膝蓋無恙，我就隨著週數慢慢增加距離。無痛跑步的距離愈來愈長，心裡的不安也跟著減少，最遠紀錄是繞新北環河疏洪道一圈，大約 20 公里。

但髖關節穩定肌群的訓練，對另一樣我熱愛的運動——登山，卻沒有太大幫助。在我攀登幾座百岳的過程中，熟悉的「膝蓋外側疼痛」還是會出現，而且通常是在回程路上。可見這項訓練在有負重的登山活動上，效果並不好。即便後來加入了肌力訓練（常見的槓鈴動作，如槓鈴前蹲舉、槓鈴背蹲舉、槓鈴硬舉等），爬一般郊山、沒有負重的情況下，回程路上膝蓋外側還是不定時會不舒服、緊繃，甚至是疼痛。

直到認識《麥克波羅伊功能性訓練聖經》（*New Functional Training for Sports*）這套系統時，我才真正了解何謂「肌力訓練」，或者更精準地說，何謂「功能性肌力訓練」。結合不同的工具，來使用這套系統進行學習及訓練，這幾年我揹著孩子重返山林時，發現膝蓋疼痛的問題完全消失了，下肢比以往更加強壯健康，令人十分興奮。

當我將這些訓練方法及經驗應用在教學實務後，我收到很多正向的回饋。印象最深刻的是，一位參與肌力團課的銀髮族，有次上課前很開心地告訴我：「山姆，我爬山時，膝蓋不會痛了，太神奇了！」

為什麼他們會覺得很神奇？

很多學員在參與我們的課程前，已經有肌力訓練的經驗，有的是自學、有的是請教練指導。很巧的是，他們對訓練的共同印象是：「練到很累」才有效果。但多數人並沒有獲得他想要的結果，像是減少身體原有的疼痛（如膝蓋或下背），或者改善運動表現等等。

他們來上課時，有的人會擔心過去不好的訓練經驗，開門見山地說：「教練我不要太累！」可是開始上課後，有的人反而會說：「教練，練這麼少會進步嗎？」因為這跟他們對訓練的印象完全不同。

我很喜歡《麥克波羅伊功能性訓練聖經》作者提倡的「最低有效劑量」（Minimum Effective Dose）這個觀念，如果吃一顆安眠藥就可以睡著，為什麼要吃很多顆呢？

訓練也是一樣，有所謂的「最低效量」（Minimum Effective Volume）：提升現有狀態最少的訓練量，有達到刺激的效果就好，不需要去追求「更多」或「極大化」

訓練量。因為更多的訓練壓力，就需要更多的恢復能量與時間，但這對工時長、壓力大的上族班來說並不容易。沒有足夠的休息與放鬆，訓練後的身體反而會覺得緊繃不適，甚至影響到生活及工作品質。當然，若有充足的恢復時間，像是非賽季的職業運動員、退休族群或者長假時期，自然有能力承受更高的訓練量。

另一方面，也有民眾認為運動要痠痛以外，還要新鮮有趣，這樣 C/P 值才高。教練為了留住學員，去學習各樣的器材及方法來進行訓練，但這是一種扭曲的健身房文化，造成教練為了生存，只好用各式方法把民眾練到累爆。

「少則是多」一直是我訓練的哲學，當你原來接觸的訓練量很高，轉換成我們的訓練時，一時之間會難以習慣。但規律的訓練會帶來豐碩的成果，你會喜歡上這樣的訓練模式。

對我來說，訓練的目的不只是重訓室裡的數字變得更重，或健康檢查的數據提升（像是骨質密度、肌肉量等），還要與現實結合，真正地改善人們的生活品質，讓他們有能力往戶外去從事自己喜歡的運動、做自己喜歡的事。

誰需要這本書，以及這本書將幫助你達成什麼目的

這本書是寫給想透過肌力訓練來改善甚至是預防膝蓋疼痛的族群，藉由提升下肢功能性肌力，讓他們在面臨日常生活挑戰或運動競技需求時，可以更為輕鬆，同時減少運動傷害。

對沒有運動需求的族群說，採取書上的訓練方式，你會感受到走路比較輕鬆、爬樓梯比較不喘、下樓梯比較不會膝蓋疼痛等，因為下肢肌力提升，行動力增加，你會更願意接觸其他的活動，進而提升生活的品質及樂趣。舉個實際例子，有一位客戶，兩年前她來找我訓練時，是連騎腳踏車都會膝蓋、髖關節或腰椎不適的人，更不用說是跑步了。規律進行肌力訓練後，她在教練鼓勵下開始進行跑步訓練，同時報名路跑活動，從一週一次跑 20 分鐘，每週嘗試增加 10% 的情況下，逐漸累積跑步的量，到了比賽當天，她順利了完成人生第一場 10 公里的路跑賽事。當你肌力提升之後，它會帶給生活更多的選擇。

對有運動需求的族群，它可以逐漸減緩膝蓋疼痛，也能讓身體準備好去面對更高強度的訓練及賽事。以登山為例，我的客戶群年紀從 30 幾歲至近 60 歲都有，他們共同的經驗是下坡時膝蓋會疼痛。但隨著規律的肌力訓練，膝蓋疼痛的症狀逐漸減緩，最後能在膝蓋健康的情況下繼續從事熱愛的登山活動。

事實上，這套訓練方式除了應用在登山、跑步及越野跑的族群外，在我們的工作室中，也實際應用在其他的運動上，如籃球、棒球、壁球、綜合格鬥、舞蹈等。比較特殊的例子是一位骨質疏鬆症的客戶，她經醫生檢查發現有骨質疏鬆的情況，而且流失得非常快速，透過友人的介紹來上課，一週一次，並搭配服用醫生的處方藥物，後

來她的骨質密度進步到正常值了。

這對我來說並不意外，在進行肌力訓練時，由於漸進負荷的關係，身體會承受愈來愈大的負荷，對抗老化及改善骨質密度有幫助。但我並不會特別強調這件事情，因為我希望發展更有「功能性」的身體，讓客戶可以更隨心所欲地運用身體，從事健走、登山、跑步這些活動，或是跳躍、衝刺等動作，而不僅僅只是追逐重訓室的重量或醫學報告上的數據。

這本書將會怎麼幫助你

這本書裡不會講述太多的訓練理論與文獻，因為在市場上已經有很多這類的書籍。寫這本書，除了是想分享一套我們確實應用於自身與學員的訓練流程及課表外，也想讓民眾了解，雖然運動科學相關書籍不斷出現，但其實訓練所要用到的基礎理論並不會太多、太複雜。

每個章節介紹的動作不困難，但確實去做時，尤其是初學者，還是會遇到問題。所以我將一些教學中常見的狀況寫在書裡，好讓讀者留意操作上的「細節」。

各章內容簡介如下：

第二章　肌肉喚醒操

這個章節將教你如何藉由按壓神經淋巴反射區來重置（喚醒）肌肉，讓肌肉各司其職，減少代償發生，改善動作效率及品質。原則上，神經方面的方法優先於物理方面的方法，由於按壓神經淋巴反射區是神經方面的方法，所以我會安排在熱身流程的第一步驟。若讀者已有屬於自己的熱身流程，可以直接將肌肉喚醒操安插在最前面。

第三章　滾筒按摩術

本章講解如何藉由滾筒來促進血液循環，恢復筋膜的水分與健康，當筋膜重返平衡狀況時，可以減少代償發生，讓身體的運作更有效率。它是物理方面的方法，所以會安排在神經方面的方法之後。這章節所教的方法也能應用在訓練後或者平日的身體保養。

第四章　髖關節的活動操

上一章滾筒放鬆是透過被動的方式來促進身體恢復水分，本章則是透過「主動」收縮肌肉的方式來促進關節及鄰近區域的血液循環，這樣效果會維持更久，同時會更為全身性。在動作的操作順序上，原則是從「靜態」伸展至「動態」伸展。

第五章　髖關節動作喚醒術

在肌肉、結締組織及關節的預備作業都準備好後，這章起將教導身體如何擺出正確的姿勢（如運動員姿勢），同時產生適當的動作，來達到喚醒動作的目的，以面對更有挑戰、更為複雜的動作型態。

第六章　下肢肌力訓練動作

發展下肢肌力是強膝訓練計畫的主餐，動作選擇的思考邏輯、執行細節與漸進方式是影響計畫成功的主要關鍵。不是所有下肢肌力動作的效果都一樣，必須根據現實生活或運動場上的需求，來選擇「更」符合實際需求的動作，以發展出具功能性的下肢肌力，肌力的提升才能更有效地轉移到實際狀況，讓你辛苦的訓練沒有白費。

第七章　核心訓練動作的選擇

核心訓練的動作非常多，常見的有仰臥起坐、捲腹、棒式、側棒式等，但如同下肢肌力動作一樣，選擇更符合實際需求的動作類型，將更有助於改善現實生活中身體的核心軀幹及骨盆的控制能力。這章內容會以單跪姿斜向畫線為主軸，並說明如何漸進難度。

第八章　實例課表

讓你遠離疼痛或想要全面性強壯，不能只靠某一個動作，而是需要一份完整且成熟的課表。一份完整的課表不會只有肌力動作，也應該涵蓋熱身流程，讓生理及心理可以進入訓練的狀況。沒有哪一部分比較重要，熱身準備及肌力訓練同等重要，建議讀者在閱讀時，可以照著流程來進行，在訓練上會有不同的感受。

第九章　常見訓練問題解析

如果還不熟悉訓練系統，在操作上可能會遇到狀況，所以我在最後蒐集了教學上常遇到的問題來與大家分享。

你該怎麼使用這本書

關於這本書的使用方式，你可以依照章節安排依序的閱讀及操作，最後執行書上所附的課表，或者根據書上的建議來調整原有的熱身流程及訓練動作。舉例來說：

第一，在從事任何運動前，像是肌力訓練、跑步、爬山、球類運動等，安排第二章的肌肉喚醒操。我們從事高山嚮導的學員，他除了開始登山前會進行肌肉喚醒操之外，在登山過程的休息時間，也會帶領團員進行。

第二，平常或訓練後想要緩解肌肉緊繃，可以進行第三章的滾筒按摩術，促進體內的血液循環、恢復結締組織的水分，有助於降低緊繃。

第三，運動前原本就有在做伸展，但較沒留意「髖關節」周圍的肌肉的人，可以參考第四章髖關節的活動操裡面所提到的動作，讓伸展動作更完整。

第四，想額外加強或復健髖關節穩定肌群，可以參考第五章髖關節動作喚醒術，同時在原有的訓練中，納入單腳的動作型態，讓整體的訓練更符合實際功能的需求。

期待大家不只「唸」，而且要確實來「練」。如果在閱讀此書時有任何問題，歡迎直接透過下方 QR Code 網址連結加入本書的讀者討論區，裡頭我將會解答各位提出的疑惑，也會與大家分享關於本書內容的進一步知識與更新。

本書讀者討論區：

2

Chapter

肌肉喚醒操

從「用進廢退」的觀念來看，當身體缺乏規律的活動或長期維持同樣姿勢時（例如久坐），某些肌肉功能就會受到抑制，相對另一些肌肉就會變得主動而強勢，長期下來會讓訓練事倍功半，達不到期望的效果。因此，本章將先教大家如何喚醒這些沉睡的肌肉。

最常聽到的例子是「臀部失憶症」，它是指身體不知道如何讓臀部進行指定的動作，進而引起所謂的「代償機制」。以橋式為例，主要用來完成動作的肌肉是臀部（作用肌），協助臀部共同進行動作的肌肉是大腿後側（協同肌），但由於「臀部」功能受到抑制，使得大腿後側的肌肉被迫「接管（代償）」臀部的工作，這現象我們稱作「協同肌主導效應」，長期下來，大腿後側就會變得愈來愈主動而強勢，而臀部變得愈來愈被動而弱勢。因此，橋式本來是要訓練臀部，但由於上述的效應，最後反而訓練到大腿後側，所以許多人在進行橋式動作時，當下或隔天會覺得大腿後側痠，但臀部反而不痠。

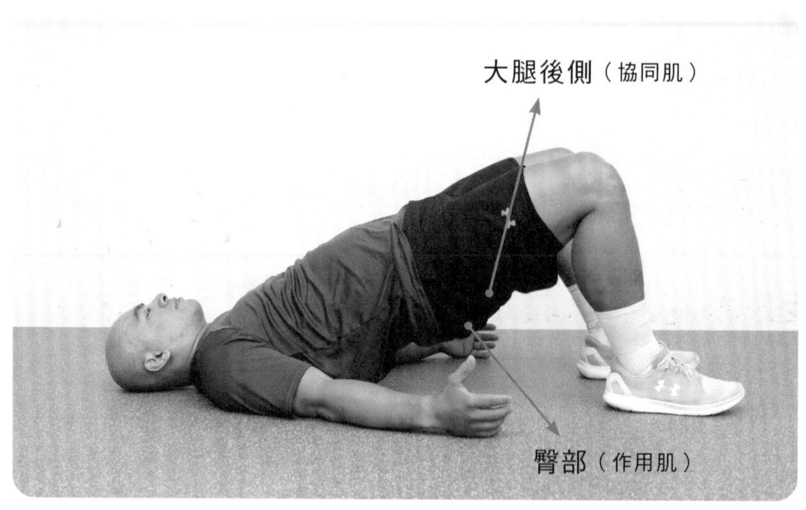

【圖 2.1 橋式】

處理上述的狀況，最有效的方式是：透過「神經」方面的技術，在短時間內喚醒肌肉，讓肌肉的感覺更好、反應更快。說「喚醒」比較容易理解，但實際上是「重置」的作業，讓肌肉恢復它原有的功能，就像電腦當機了，把它重開機、回到原本的狀態。

那要怎麼做呢？簡單來說，就是要找到肌肉的「開關」並開啟它。這個開關專業上稱為「**神經淋巴反射區**」，藉由輕快的「摩擦」或「按壓」特定反射區來「打開（喚醒）」肌肉，當肌肉被重置後，它們便會各司其職，減少代償情況、改善肌肉緊繃與動作表現。

肌肉喚醒操的使用時機？

可以把它當作是自我照護的例行公事，隨時都能使用。但我會建議在固定的時間點進行，例如早上起床後，這樣更容易養成習慣。針對運動需求的部分，不需要改變原有的熱身流程，只要將肌肉重置術安插在熱身的一開始即可。

接下來介紹幾個對於骨盆及下肢比較重要的神經淋巴反射區，包括橫隔膜、腰肌、臀部、核心肌群、大腿後側及側線，每個神經淋巴反射區的重要性都不一樣，在操作時並沒有先後順序，以下的部位只是依我的習慣來說明。

各部位對應的神經淋巴反射區

◎ 橫隔膜

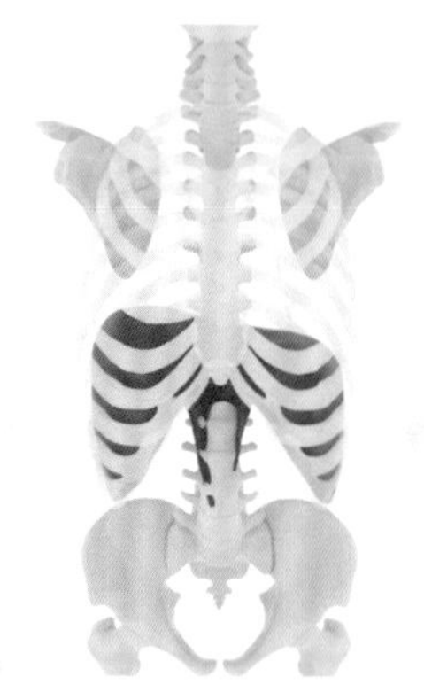

【圖 2.2 橫隔膜的位置】

橫隔膜除了是呼吸肌，也扮演穩定脊椎的角色，若它沒有正常運作，除了影響呼吸，腰肌也會被迫跳出來接管它的工作，導致腰肌緊繃，進而影響到骨盆位置與下肢姿勢。由此可知，重置橫隔膜與練習呼吸模式是一件極為重要的事。

重置橫隔膜又被稱作「呼吸重置」，有以下幾個好處：

- 增加肺容量。
- 提升呼吸系統的效能。
- 解開髖屈肌群，恢復髖屈活動角度，減少腰椎代償（如圖 2.3）。
- 放鬆身體，讓我們更容易做出正確的動作。

【圖 2.3 髖屈活動角度恢復前後對照圖】

以我的教學經驗來說，學員們會有類似以下的回饋：

- 大腦變清醒了！
- 身體變輕盈了！
- 動作比較流暢！
- 下背緊繃不見了！
- 比較吸得到空氣！

橫膈膜反射區位置及操作方式

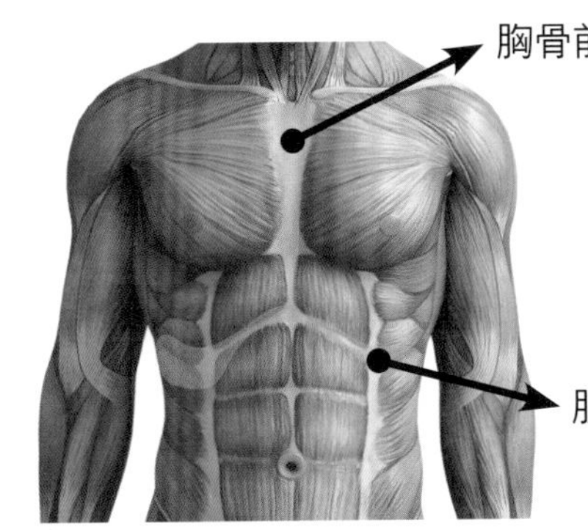

【圖 2.4 「胸骨前側」及「肋骨下緣」】

橫膈膜反射區的位置有二個：「**胸骨前側**」及「**肋骨下緣**」，位於圖中「膚色」的區域。**按壓方式說明如下：**

胸骨前側

步驟 1：此位置在鎖骨中間的一個凹陷區域，我們按壓時，習慣從最上方開始。

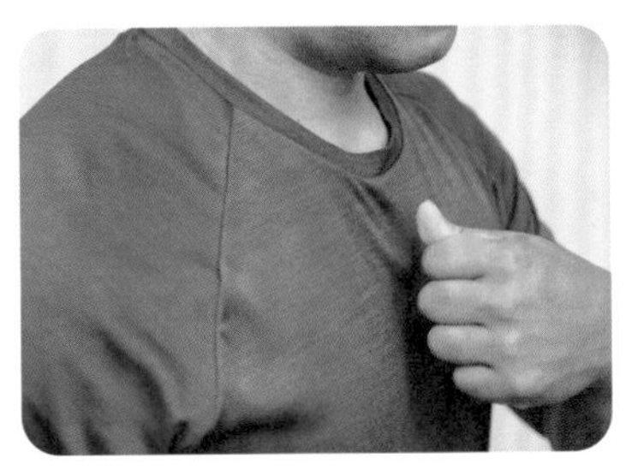

【圖 2.5 按壓時以大拇指指腹進行】

步驟 2：用大拇指的指腹（如圖 2.5），以畫圈圈的方式摩擦皮膚表面（如圖 2.6），圈圈的範圍約為 10 元硬幣大小，進行 5 圈。

步驟 3：往下移動 5 公分，重覆進行步驟 2。

步驟 4：反覆進行步驟 3，直到碰到肋骨下緣處停止。

【圖 2.6 由上至下以畫圈方式摩擦】

肋骨下緣

步驟 1：找到肋骨最下緣位置。

步驟 2：從身體的右側先開始，透過大拇指的指腹，由肋骨下緣的最外側，像刷牙一樣，上下摩擦皮膚表面，幅度大概是 10 元硬幣的大小，自身體外側慢慢往中線推進，進行 3 次。

步驟 3：同樣的動作，換成肋骨下緣的最左側開始。

【圖 2.7 肋骨下緣由外向內分別摩擦】

常見問題

1. 摩擦皮膚時，節奏要放慢嗎？

答：摩擦皮膚的目的是「喚醒」肌肉，不是「放鬆」肌肉，所以節奏上是「輕快而扎實」，身旁的人可以聽到你在摩擦衣服的聲音。

2. 要摩擦多久呢？

答：在一個位置上畫圈圈 5 次或者上下刷 5 次，接著往下移動 10 元硬幣大小，再重覆同樣動作。只要位置是正確的，就會產生明顯的效果，所以次數不需要太多。摩擦太多或持續太久反而會導致發炎甚至是瘀青，這點要稍微注意。

3. 遇到較為痠痛的區域要避開嗎？

答：不需要，若在摩擦皮膚時，某個區域出現「較為」痠痛的情況，我會建議在該區域多做 5 次。若你有配合規律的運動，這個痠痛的情況會慢慢改善。

4. 按的手法有差嗎？用指尖、指腹或掌根都可以嗎？

答：沒差，主要是以個人習慣為主。可以想像神經淋巴反射區是一個「地雷」，只要按到地雷，不管是用什麼方式，地雷就會爆炸。而神經淋巴反射區也是一樣，用什麼方式按都可以，可以根據自己的喜好。

以上解答，同樣可以應用在接下來的區域。

◎ 腰肌

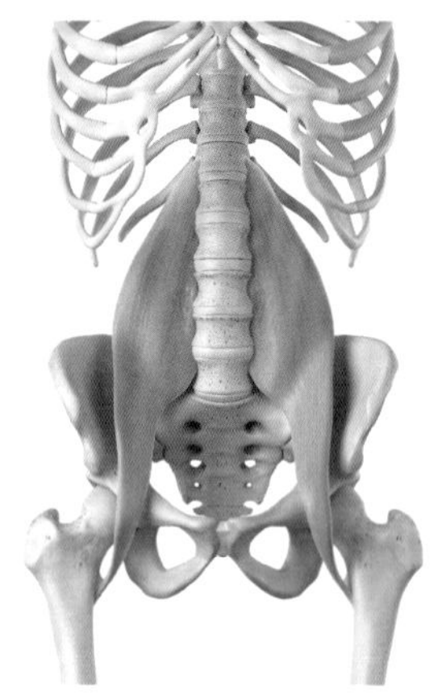

【圖 2.8 腰肌】

腰肌主要負責髖關節屈曲的工作，不管在現實生活中或運動場上，髖關節屈曲都扮演著重要的角色。彎腰撿地上東西、綁鞋帶、爬樓梯、抬膝蓋、跌倒時要往前跨步等動作，都會用到髖關節屈曲；運動場上，最常見的「運動員姿勢」（圖 2.9），其實也是一個髖關節屈曲的動作；在肌力訓練中，像是髖關節鉸鏈的動作，如硬舉，從站立進到預備姿勢，也是一個髖關節屈曲的動作。

【圖 2.9 運動員姿勢】

【圖 2.10 常見的髖關節屈曲動作】

如果髖關節屈曲的活動度不能滿足動作所需，就容易以腰部來代償動作，讓腰部受傷的風險提高。舉例來說，平常爬樓梯或爬山遇到比較高的台階時，如果膝蓋抬得不夠高，但又為了上台階，就會透過腰部「拱起」來代償。再舉一個例子，在準備硬舉動作時，若髖屈角度不足，進行動作時就容易腰部拱起。

【圖 2.11 髖關節屈曲活動不足，導致腰部拱起代償】

重置腰肌，可以增加髖關節屈曲的活動度，讓動作更為流暢及省力，同時降低腰部代償的風險。

腰肌反射區位置及操作方式

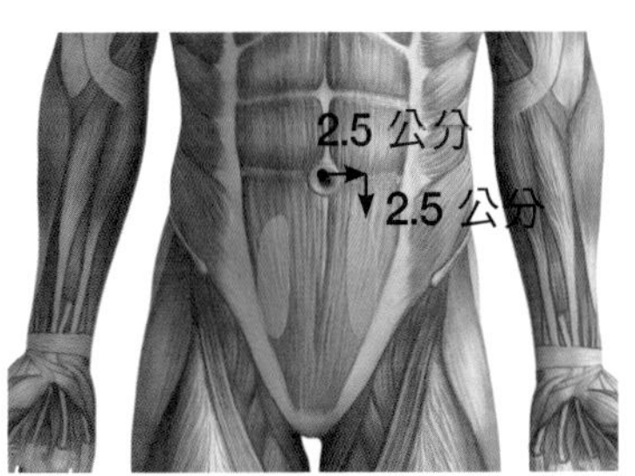

【圖 2.12 髖關節反射區位置】

它的反射區是**肚臍往外 2.5 公分（約是 10 元硬幣的寬度），再往下移 2.5 公分的區域，如圖 2.12 淺藍色的範圍。**左右各有一個，肚臍的左邊是反映左邊的腰肌，肚臍的右邊是反映右邊的腰肌。

步驟 1：先找到肚臍，然後往右移動 2.5 公分，接著再往下移動 2.5 公分，這就是我們要按壓的位置。

步驟 2：使用大拇指的指尖，往下按約 1 個指節的深度，停留在該深度，畫圈圈 5 下，然後往下移動 10 元硬幣大小，再重複一次動作。

【圖 2.13 髖關節反射區按壓位置】

步驟 3：右邊按壓完後，同樣的動作換左邊進行。

實務經驗上，有的人覺得這個位置不太好按，通常我們在自主訓練或私人教學時，都是使用工具來進行按壓。可以找一個細長型、前端是圓的物體來進行操作，比較容易施加力道，像是以圖2.14的操作方式。

【圖 2.14 以工具按壓髖關節反射區】

◎ 臀部

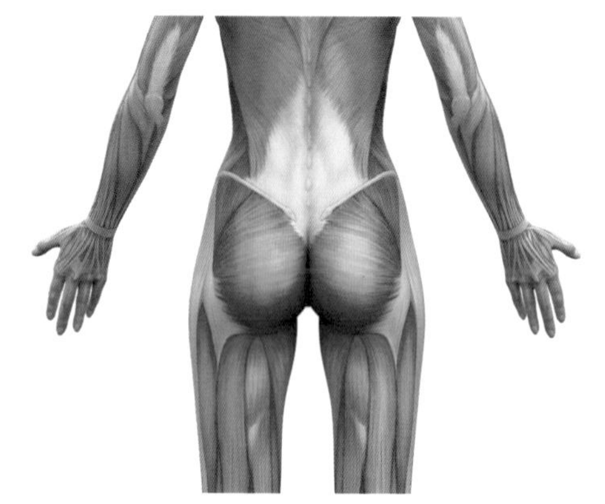

【圖 2.15 臀大肌】

臀部主要負責髖關節伸展的工作。在這裡我們要稍微解釋一下「伸展」，由於翻譯問題，「Stretch」跟「Extension」都被翻成「伸展」，但兩者意義不同。在這裡「伸展」指的是「Extension」，如圖2.16中讓臀部往上提的動作。

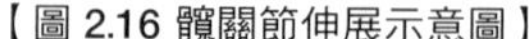

【圖 2.16 髖關節伸展示意圖】

髖關節伸展在日常生活經常出現，比方說，從椅子上要起身時，身體從坐著到站直的過程中，髖關節就會「伸展」，這時要動員到「臀部」出來工作。其他像是爬樓梯、爬山等也都有髖關節伸展的動作。

前面說過，由於「久坐」（超過2分鐘就叫久）的關係，臀部長時間處於停工狀態，除了肌肉與肌力會流失之外，臀部也會逐漸失去功能，慢慢地身體在進行動作時就會忘記如何使用臀部肌肉，這就是常聽到的「臀部失憶症」。

【圖 2.17 從坐著起身時，髖關節即會伸展】

「臀部失憶症」並不是說在動作時，像是橋式、臀推、硬舉、深蹲、衝刺、跳躍等，完全不會使用到臀部，而是它從原來的「主角」，變成了「配角」；而原本是「配角」的肌肉，反而變成了「主角」，這就是「協同肌主導效應」。

如同本章節一開始提到的一個經典且常見的例子：橋式，這動作主要是訓練臀部，但由於主角臀部變成配角（被動），而配角大腿後側變成主角（主動而強勢），結果就是你在做完後，覺得「大腿後側」痠，但臀部沒感覺，原本想要鍛練臀部，反而大腿愈來愈粗。

在我教學的過程中，類似的情況還滿多的，像是為了想要有漂亮緊實的臀部照著線上影片運動，但因為沒有掌握到動作要領，不但沒有練到臀部，甚至有人因此下背受傷。除了上述的橋式之外，臀推、趴姿抬腿、鳥狗等都是民眾容易做錯的動作，甚至還以為這些動作是用來訓練大腿後側或腰部的。

【圖 2.18 趴姿抬腿】

【圖 2.19 鳥狗】

持續練習就會改善嗎？「不會！」因為身體已經習慣把「配角」當作主角來使用，配角變得「主動而且強勢」，凡是髖關節伸展動作，它就會第一時間跳出來。要改善這個問題的第一步是要「重置（喚醒）」真正的主角，然後正確地執行動作。

臀部反射區位置及操作方式

臀部反射區的位置有兩處，一是**「耳根後」**，另一處是**「頭蓋骨底部」**。

【圖 2.20 臀部反射區——耳根後與頭蓋骨底部】

耳根後

步驟 1：找到耳根後的位置（圖 2.21）。

步驟 2：透過大拇指的指腹，由「耳根後」沿著「下巴」往下推約 5 公分，重複5次。力道的部分，輕輕按有效果，但稍微重一點，效果會更明顯，通常會帶有一點不適感是正常的。

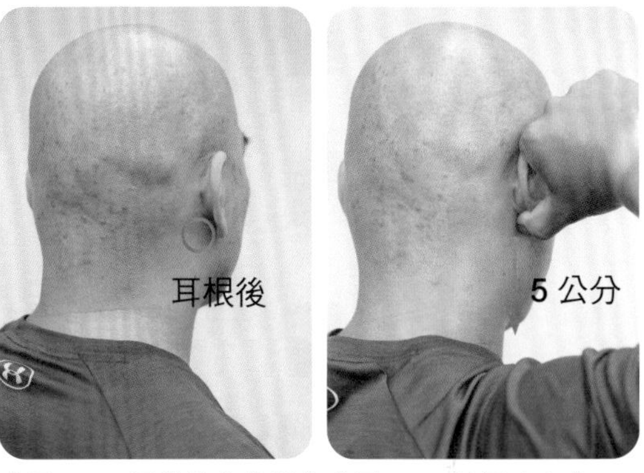

【圖 2.21 耳根後的位置】【圖 2.22 按壓方向】

【圖 2.23 按壓耳根後】

頭蓋骨底部

步驟 1：頭部後方從上面往下摸，原本較為平坦，會有一個突然轉折的地方，這就是我們要按壓的部位。

步驟 2：以大拇指的指腹，像刷牙一樣，由中間往外側摩擦頭皮，重複 5 次。力道以在摩擦的時候，旁邊的人可以聽到你摩擦頭皮的聲音為標準。

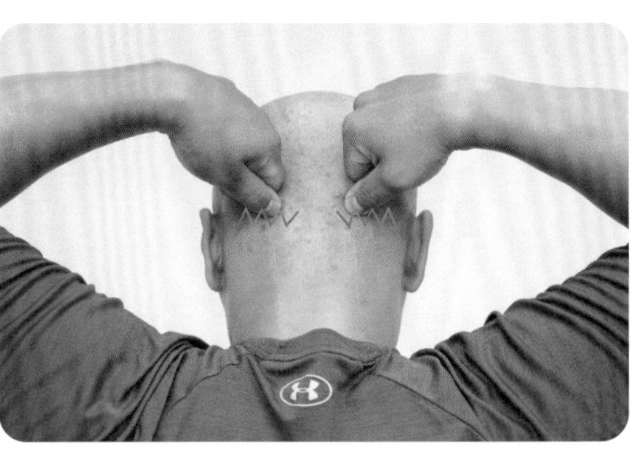

【圖 2.24 頭蓋骨底部按壓方向】

◎ 核心肌群

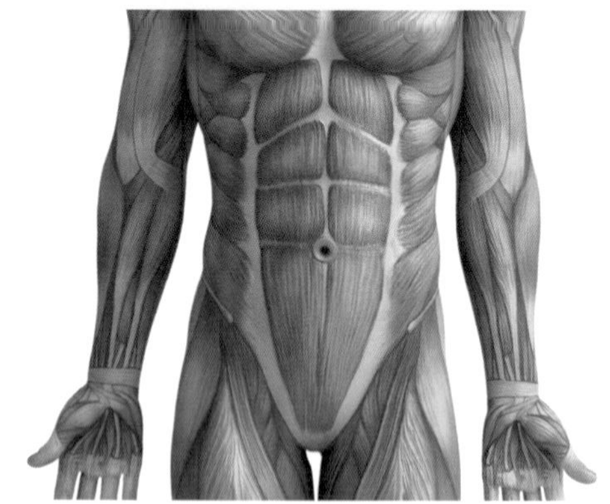

【圖 2.25 核心肌群】

核心肌群有兩個功能，第一是「抵抗」動作的產生（如棒式）；第二是傳遞力量，讓上肢及下肢的力量可以互相傳遞及再利用。講到核心，就必須談到「骨盆前傾」，可以把骨盆想像成一盆水，前傾的意思是指水往前流了出來（如圖 2.26）。

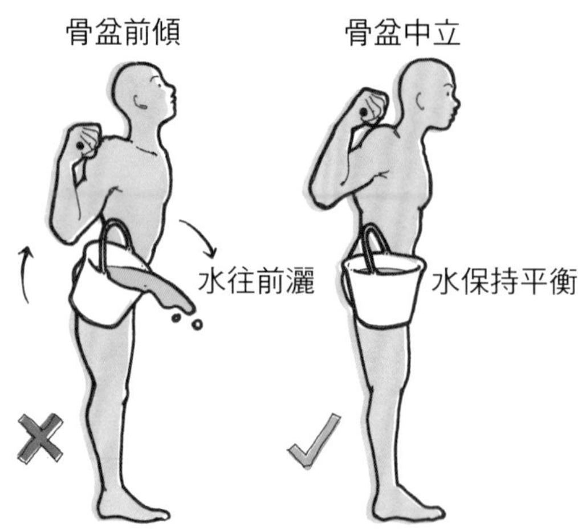

【圖 2.26 骨盆前傾示意】

骨盆前傾又被稱為「下交叉症候群」，常見的狀況是腹部及臀部會虛弱無力，而豎脊肌及髖屈肌會變得緊繃，在外觀上是凸小腹、凹下背。但它的影響不僅如此，在《運動傷害完全復健指南》提到的下交叉症候群引起的肌肉失衡如下：

緊繃／促進	虛弱／抑制
髂腰肌 iliopsoas	腹直肌 rectus abdominis
股直肌 rectus femoris	腹橫肌 transversus abdominis
大腿後側 hamstrings	腹斜肌 obliques
豎脊肌 erector spinae	臀大肌 glutes maximus
闊筋膜張肌 tensor fascia lata	臀中肌 glutes medius
梨狀肌 piriformis	臀小肌 glutes minimus
腰方肌 quadratus lumborum	股外側肌 vastus lateralis
腓腸肌 gastroc soleus	脛前肌 tibialis

我們不需要特別去記這些肌肉名稱，但要知道，骨盆前傾會導致非常多的肌肉失能，引起代償機制，使受傷風險增加、運動表現下降。如果可以減緩骨盆前傾的狀況，就能改善上述的肌肉失衡狀態。

《應用肌動學》（*Applied Kinesiology*，暫譯）書中提供我們一個很重要的線索——「腹直肌」：

在臀大肌及大腿後側的幫助下，腹直肌可以**防止骨盆向前傾斜**。當腹直肌的肌肉測試是「弱」，表示它無法提供骨盆支撐，那麼骨盆就會前傾。

補充說明一下，上面說的「肌肉測試」是一種用來測試肌肉「反應」的方法，當肌肉測試為「強」，表示肌肉有堅守崗位（防止骨盆向前傾斜）；當結果是「弱」，表示肌肉會延遲做出反應，骨盆就會前傾。

我們可以透過重置腹直肌，來讓肌肉測試結果是「強」，防止骨盆前傾的發生，肌肉失衡的情況就會獲得改善。除了重置腹直肌之外，這個動作也可以一同重置「腹橫肌」及「腹內外斜肌」，統稱「重置核心肌群」。

核心肌群反射區位置及操作方式

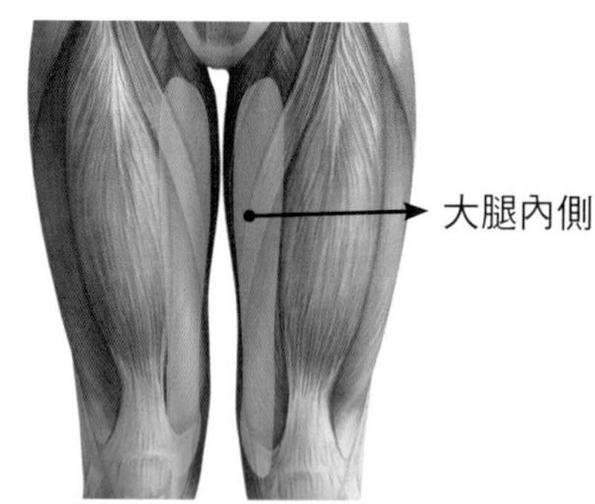

【圖 2.27 核心肌群反射區——大腿內側】

核心肌群反射區的位置在大腿內側，操作方式很簡單，手像剁雞肉一樣，從膝蓋的內側往鼠蹊部方向剁，來回 3 次，記得是整個大腿內側，不要剁到大腿前側。

【圖 2.28 核心肌群反射區操作方式——從膝蓋的內側往鼠蹊部方向剁】

◎ 大腿後側

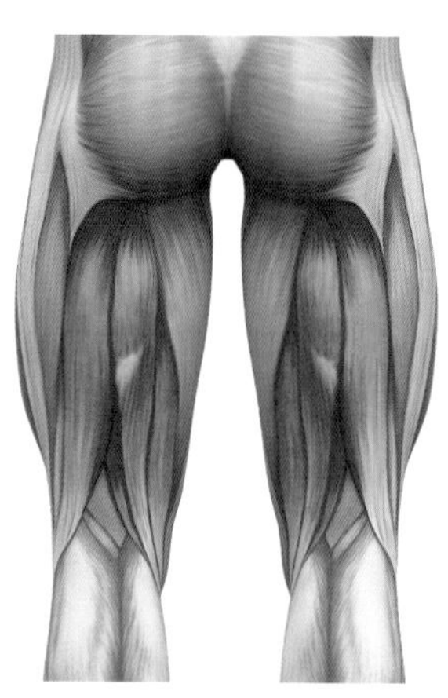

【圖 2.29 大腿後側肌群】

大腿後側有一個重要功能是管理骨盆，在《應用肌動學》中也提到：

1. 大腿後側是骨盆及膝蓋的穩定肌群，當骨盆或膝蓋有問題時，應該檢查大腿後側肌群。
2. 大腿後側是骨盆主要的穩定肌群。當它們測試結果為弱，骨盆就會前傾，造成下背曲線增加（腰椎前凸）。

3. 大腿後側被「喚醒」，骨盆就不會前傾，大腿後側的張力也會處於較理想的狀況。

透過重置「大腿後側」，來讓肌肉測試結果為「強」，進而讓骨盆處在一個較為理想的位置，肌肉失衡的情況就會獲得改善。

大腿後側反射區位置及操作方式

大腿後側反射區位置是從薦椎沿著薦髂關節，最終到髂後上棘。

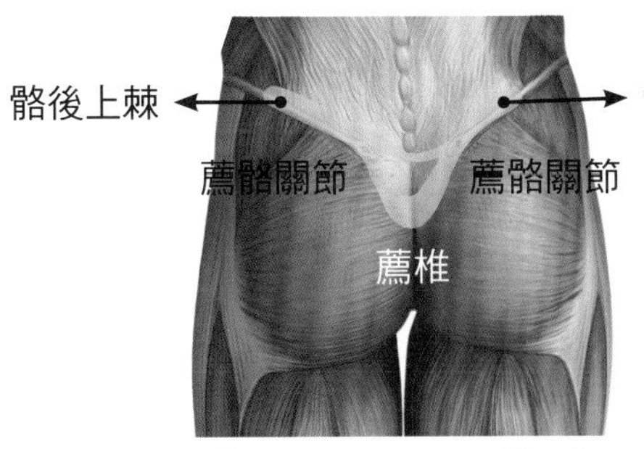

【圖 2.30 大腿後側反射區】

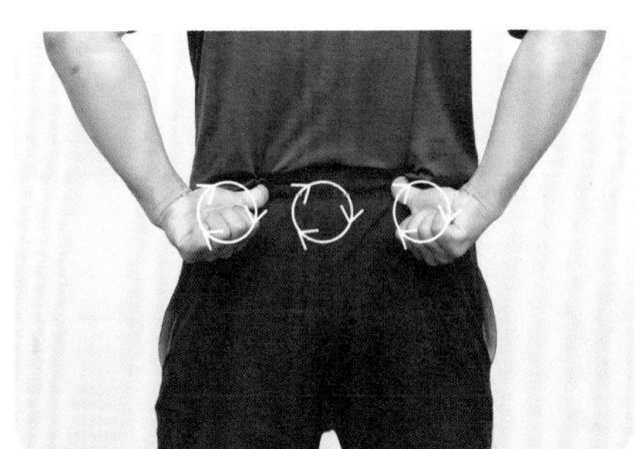
【圖 2.31 大腿後側反射區操作方式】

一般人聽到這些關節名稱，會完全沒有概念。操作時，我會請學員找到褲子後側「繫皮帶」的地方，透過大拇指「指腹」，以畫圈圈的方式，從中間沿著皮帶往臀部外側按壓，總共進行 3 次。

◎ 側線

「側線」是一條很具功能性的筋膜線，由許多肌肉所組成，包括臀中肌、Fascia Lata、髖內收肌群等，主要負責身體側向的穩定，在單腳支撐或單腳用力的動作上扮演了極為重要的角色。不管是走路、爬樓梯、跑步、衝刺等，或者在重訓中的單邊動作，都會用到它；若它沒有正常工作，進行動作時，可能出現膝蓋往中線夾的狀況，導致壓力落在膝蓋周圍，長時間下來會引起膝蓋不適或疼痛。

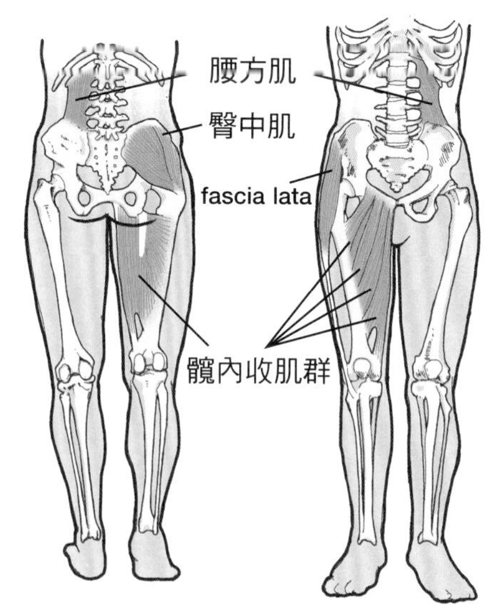

【圖 2.32 側線】

側線反射區位置及操作方式

我們會重置三個部位，分別是臀中肌、Fascia Lata 及髖內收肌群，所以有三個反射區，依序說明如下。

臀中肌&Fascia Lata

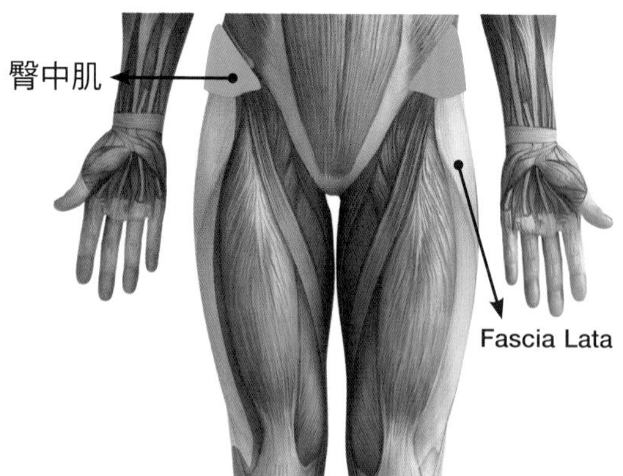

【圖 2.33 臀中肌與 Fascia Lata 反射區示意圖】

臀中肌的反射區在骨盆的側邊；而 Fascia Lata 的反射區是大腿骨最上端，沿著大腿外側至膝蓋骨的下方。

操作方式是以手掌從膝蓋外側拍打到臀部外側，這樣進行 3 次。

【圖 2.34 臀中肌與 Fascia Lata 反射區操作方式】

髖內收肌群

髖內收肌群的反射區在「乳暈」的位置，透過大拇指指腹按壓的方式，畫圈圈 10 次。

【圖 2.35 髖內收肌群反射區操作方式】

統整

按壓反射區沒有順序，但我習慣依照各部位反射區位置由上到下來操作，依順序分別是：

部位	反射區位置
1. 臀部	耳根後及頭蓋骨底部。
2. 橫隔膜	胸骨前側及肋骨下緣。
3. 腰肌	肚臍往外 2.5 公分，再往下移 2.5 公分的區域。
4. 核心肌群	大腿內側，由膝蓋到鼠蹊部。
5. 側線	臀部外側、大腿外側及乳暈。
6. 大腿後側	從薦椎沿著薦髂關節，最終到髂後上棘。

為了讓讀者可以快速查詢位置及操作方式，繪製右頁插圖，並統整操作如下：

- **臀部：**

  ① 耳根後：以大拇指指腹由耳根後沿下巴往下推約 5 公分，重複 5 次。

  ② 頭蓋骨底部：以大拇指指腹於頭蓋骨底部由中間往外側摩擦頭皮，重複 5 次。

- **橫隔膜：**

  ① 胸骨前側：由鎖骨間的凹陷區域開始，以大拇指指腹以畫圈方式磨擦皮膚表面 5 圈，接著往下移動 5 公分再重複動作，直到肋骨下緣處為止。

  ② 肋骨下緣：以大拇指指腹由肋骨下緣最外側往內側上下磨擦皮膚表面至身體中線，雙邊各進行 3 次。

- **腰肌：**

  找到肚臍向外 2.5 公分、向下 2.5 公分處，用大拇指尖或工具按壓約 1 個指節的深度後畫圈 5 次，再往下移動 2.5 公分重複一遍動作。

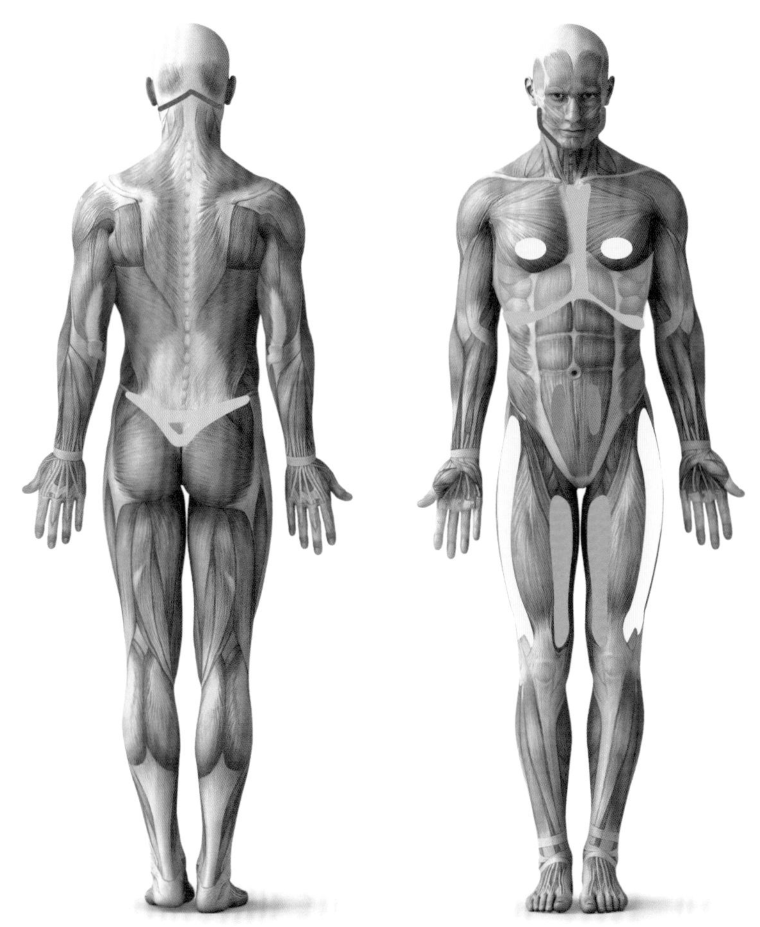

【圖 2.36 反射區位置喚醒區域及方法】

- **核心肌群：**

  由膝蓋內側為起點，以手刀往鼠蹊部方向剁大腿內側，來回 3 次。

  側線：

  ① 臀中肌 &Fascia Lata：以手掌從膝蓋外側拍打到臀部外側，重複進行 3 次。

  ② 髖內收肌群：以大拇指指腹按壓乳暈位置，畫圈 10 次。

- **大腿後側：**

  找到褲子後側繫皮帶的區域，由中間向外以雙手大拇指指腹畫圈按壓，重複 3 次。

3

— Chapter —

滾筒按摩術

滾筒，顧名思義就是「會滾動的圓筒」，將想按摩的身體部位，放在滾筒上來回按壓，稱為「滾筒按摩」，專有名詞也稱為「自我肌筋膜放鬆」。

【圖 3.1 滾筒】

滾筒按摩的目的在於促進血液循環及代謝，將含有新鮮氧氣及養分的血液送至軟組織（包括肌肉、筋膜等），幫助受損的軟組織進行修復並增添水分，加快身體復原速度。這對運動員來說，是很重要的身體照護方式，如果有在關注國內外的運動賽事，常會看到運動員在訓練或比賽前使用肌肉按摩工具。

不只是運動員或運動愛好者，滾筒按摩對一般民眾也有幫助。《風靡全美的MELT零疼痛自療法》（*The MELT Method*）一書中提到：「日常生活中的重複動作和姿勢（如久坐），導致結締組織因為過度的緊縮、牽拉和摩擦而流失水分。脫水讓結締組織的支撐、反應和適應變差，就會造成肌肉勞損、增加關節壓力。」

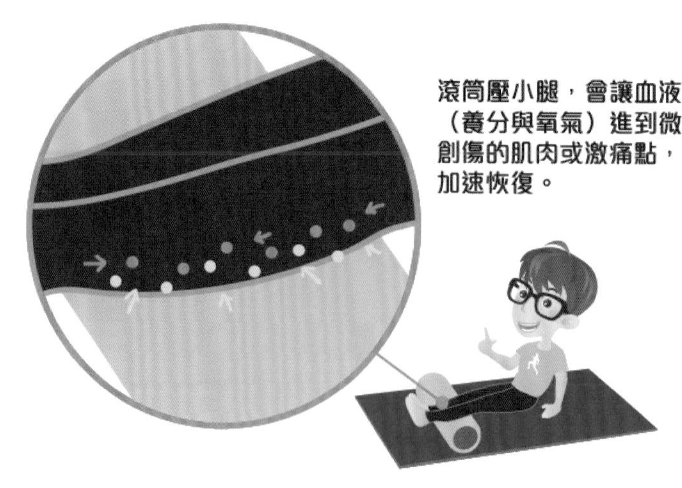

【圖 3.2 利用滾筒按摩的效果】

因此，動（如跑馬拉松）和不動（如久坐）其實筋膜都會流失水分，不去理會它，長久下來可能會演變成慢性疼痛。但只要透過簡單的滾筒按壓，就能恢復筋膜的水分與健康。

筋膜重返平衡狀態很重要，它能讓身體的運作更有效率、動作更加流暢，同時減少代償的發生，疲勞的累積減少，就能更長時間的維持動作品質及強度，自然能減少受傷的風險。

若沒有滾筒的話可以用「圓筒狀」的物體來替代，像是擀麵棍、粗的PVC管等，但現在滾筒取得容易，選擇也多，對於一般人或運動族群來說，其實是一個滿值得投資的器材。

◎使用時機

首先，對身體來說，滾筒按摩就是一種「運動」，請與進食相隔一小時後再操作，以免消化不良。除此之外沒有其他時間上的限制，隨時都可以操作。

如果是運動族群，訓練前後皆可使用，可以參考《麥克波羅伊功能性訓練聖經》書上的說明：

在鍛鍊之前先使用滾筒會降低肌肉密度，為更好的熱身運動打好基礎。在鍛鍊過後使用滾筒或許也有助於劇烈運動後的恢復。……就我們健身中心的規畫，在熱身前，我們會做5分鐘至10分鐘的軟組織按摩。……雖然沒有硬性規定，不過就一般的經驗法則來說，在每個部位執行10次的慢速滾壓就能見效。

如果是沒有運動的人，「睡前」是一個不錯的時機點，除了可以恢復筋膜水分外，也能釋放白天所累積的緊繃情緒與壓力，有助於提升睡眠品質。

滾筒按摩是可以每天進行的，當作身體的日常保養。有時間的話，可以依照書上的動作，全部操作一次；若時間有限的話，就針對比較緊繃的部位進行操作。

按壓三步驟

進行滾筒按壓有三個步驟，它的重點在於**從大面積的按壓慢慢縮小到單點**。步驟如下：

1. 前後來回 10 次
2. 左右微轉 10 次
3. 活動鄰近關節各 5 次

以下所介紹的肌肉部位皆能依上述的步驟來進行操作，若在操作時，發現某個步驟的動作讓你覺得不舒服甚至是疼痛，建議跳過該步驟，不要勉強進行，愈痛不代表愈好，適度即可。

下肢肌肉的操作方式

◎臀部

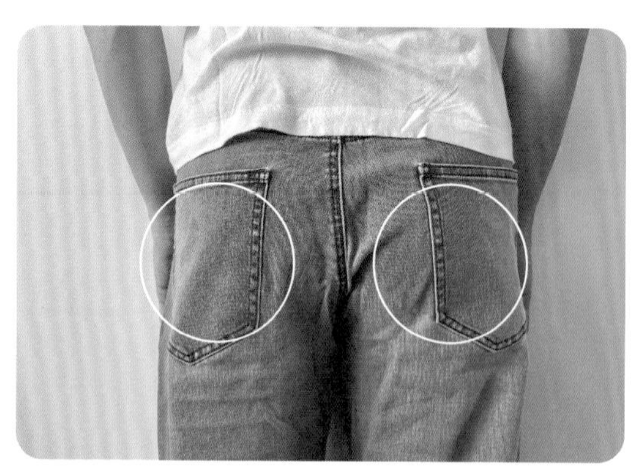

【圖 3.3 臀部滾筒操作的位置】

臀部的位置可以想成是穿牛仔褲時，後面口袋的位置。一般來說，一次只操作一邊，一邊完成之後，再換邊進行。

步驟 1：前後來回 10 次

臀部坐在滾筒上，右腳翹二郎腿，將身體的重量移向右邊的臀部（上述的口袋位置），前後來回按壓 10 次，同時在按壓的過程中，去感覺哪個地方特別痠。

【圖 3.4 前後來回滾動按壓臀部】

步驟 2：左右微轉 10 次

把滾筒放在比較痠痛的區域上，身體微向左轉、再微向右轉，來回 10 次，給臀部肌肉橫向的按壓，同時要感覺什麼點比較痠。

【圖 3.5 左右微轉橫向按壓臀部肌肉】

步驟 3：活動鄰近關節 5 次

把身體重量放在剛才感覺比較痠的點上，膝蓋往內側靠、再向外打開活動髖關節，來回進行 5 次，進行完之後，膝蓋抬高放下，來回進行 5 次（如圖 3.6、3.7）。

右邊完成之後，再換左邊進行上述步驟。

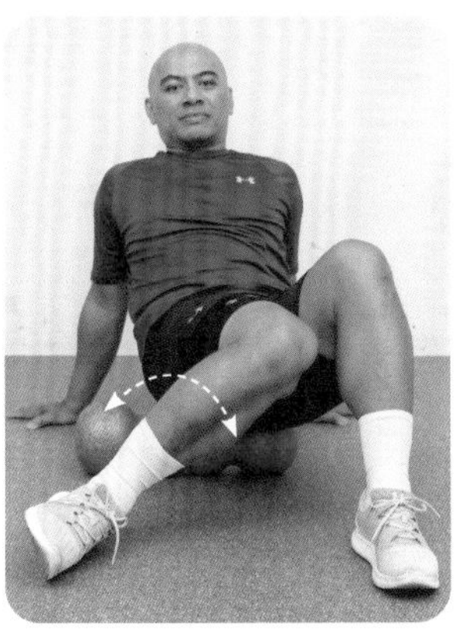

【圖 3.6 置於較痠痛點上，膝蓋往內往外擺動】

補充一下，在步驟 1 時，你可以來回按壓臀部的多個位置，像是靠近股溝多一點，或者靠近臀部外側多一點等，試著去找出臀部比較痠的區域。

【圖 3.7 置於較痠痛點上，膝蓋抬高及放下】

◎髖關節兩側

步驟 1：前後來回 10 次

側躺，把滾筒放在右邊髖關節的外側，來回按壓 10 次，移動的距離大概是手掌的長度。

【圖 3.8 前後來回按壓髖關節側面】

步驟 2：左右微轉 10 次

滾筒放置於較痠痛區域，身體向左、右微轉，給肌肉橫向的按壓力道，來回 10 次。

【圖 3.9 左右微轉橫向按壓較痠痛區域】

步驟 3：活動鄰近關節 5 次

滾筒放置於痠痛點上，右腳的膝蓋彎曲再伸直，來回 5 次。

【圖 3.10 置於較痠痛點上，膝蓋彎曲再伸直】

右邊完成之後，對左邊的髖關節外側進行同樣步驟。

補充一下，在進行髖關節兩側的按壓時，若你想要按壓的部位是偏身體前側，可以把上面的腳放在身體前方的位置（如圖 3.11 左）；若想要按壓的部位是偏身體後側，可以微往後躺（如圖 3.11 右），甚至把上面的腳放到身體的後方。每個人緊繃的區域不一樣，有的人可能偏前側，有的人偏後側，可以試著找看看自己比較緊繃的區域在前側或後側，再進行按壓。

【圖 3.11 尋找較緊繃的區域在偏前或後側】

◎大腿前側的肌肉

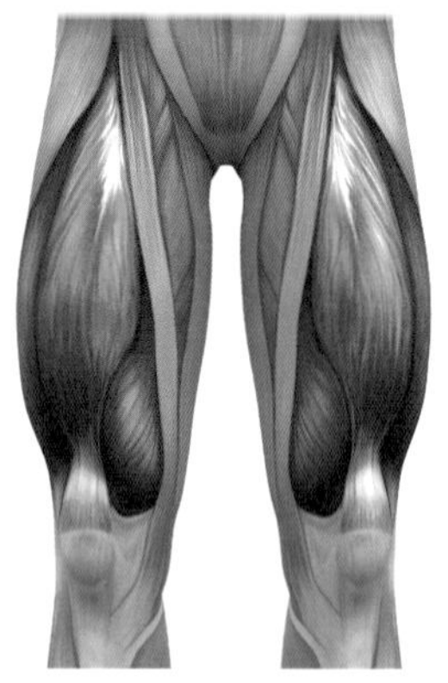
【圖 3.12 大腿前側肌肉】

步驟 1：前後來回 10 次

俯臥姿，手肘撐在地上，讓滾筒在右腳前側，前後來回按壓 10 次。

【圖 3.13 前後來回按壓大腿前側肌肉】

步驟 2：左右微轉 10 次

滾筒放置於步驟 1 中較痠痛的區域上，大腿些微向左、再向右轉，來回 10 次。

【圖 3.14 左右微轉橫向按壓較痠痛區域】

步驟 3：活動鄰近關節 5 次

滾筒置於步驟 2 中較痠痛的點上，讓膝蓋彎曲伸直，來回 5 次。

【圖 3.15 置於較痠痛點上，讓膝蓋來回彎曲伸直】

一邊操作完之後，再換另外一邊進行。

補充說明一下，因為大腿前側的面積比較大，所以在按壓時，可以分成「上半段」及「下半段」來進行操作，建議上下半段都要操作。甚至在按壓時，可以大腿前側分成「偏內側」、「偏外側」來操作，若有時間的話，可以嘗試按壓不同的部位。

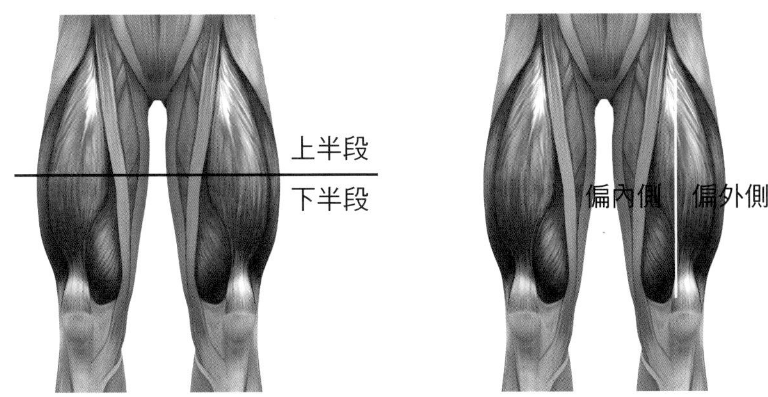

【圖 3.16 大腿前側肌肉可分上下半段和內外兩側操作】

◎大腿內側

步驟 1：前後來回 10 次

身體趴在地上，右腳彎曲 90 度，滾筒置於右腳大腿內側的中段，滾筒跟大腿盡可能呈垂直，這樣比較容易按壓，前後來回 10 次。

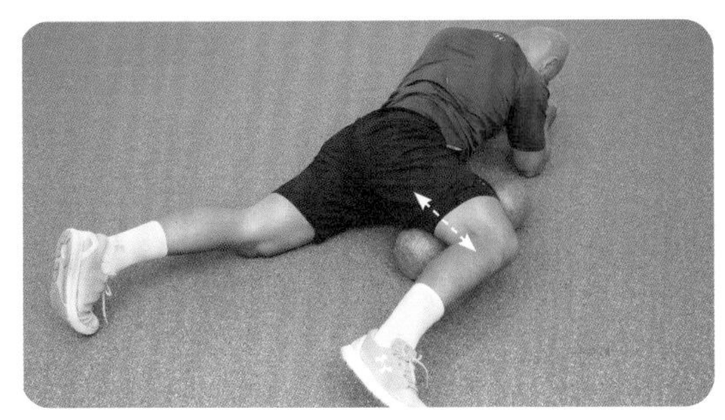
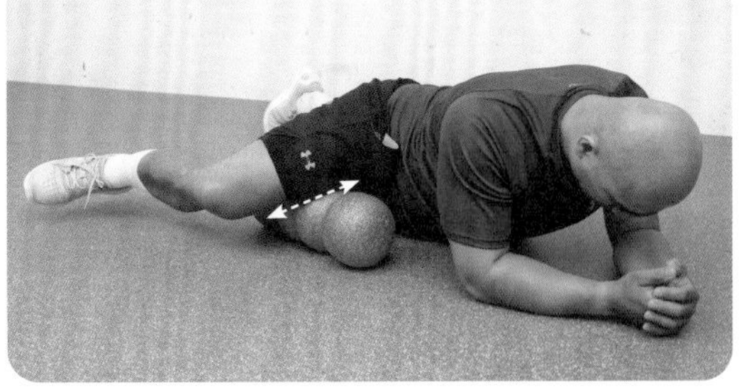

【圖 3.17 前後來回按壓大腿內側】

步驟 2：左右微轉 10 次

滾筒置於步驟 2 中較痠痛的區域上，大腿微向左右轉動，來回 10 次。

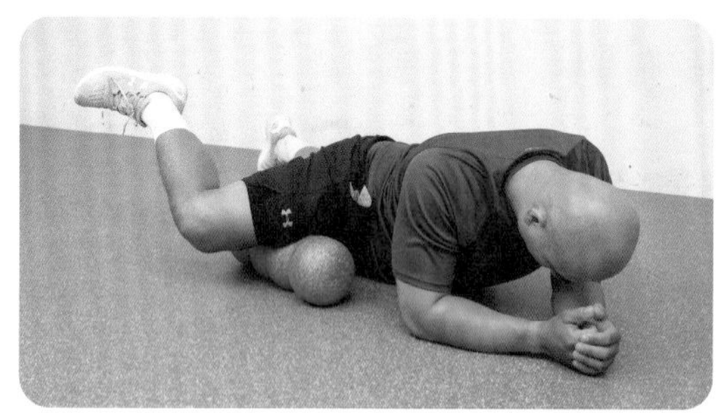
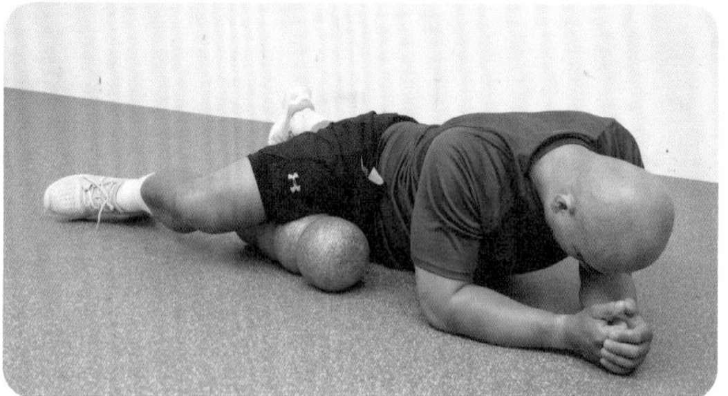

【圖 3.18 左右微轉橫向按壓較痠痛區域】

步驟 3：活動鄰近關節 5 次

滾筒置於步驟 2 中較痠痛的點上，讓膝蓋彎曲伸直，來回 5 次。

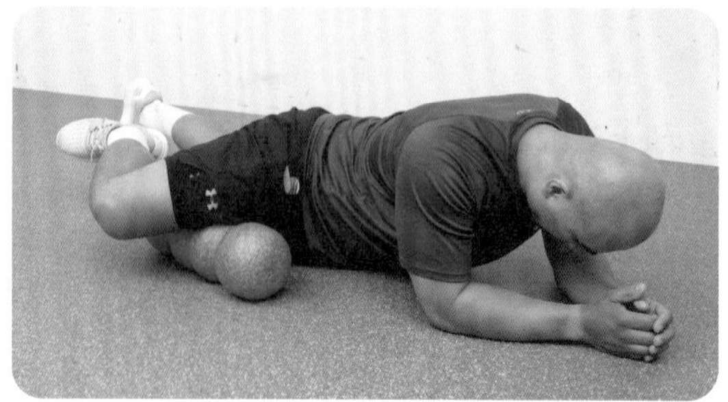

【圖 3.19 置於較痠痛點上，讓膝蓋彎曲伸直】

一邊操作完之後，再換邊進行。

因為大腿內側的面積也比較大，按壓時一樣可以將它分成「上半段」及「下半段」來進行操作。

◎大腿後側

步驟 1：前後來回 10 次

坐在地上，滾筒置於右腳大腿後側的中段，前後來回按壓 10 次。

【圖 3.20 前後來回按壓大腿後側】

步驟 2：左右微轉 10 次

滾筒置於步驟 1 中較痠痛的區域上，大腿微向左右轉動，來回 10 次。

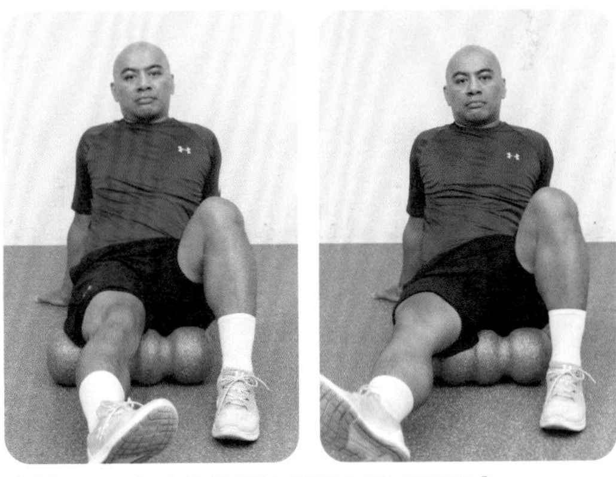

【圖 3.21 左右微轉橫向按壓較痠痛區域】

步驟 3：活動鄰近關節 5 次

在地面上較難進行這一個步驟，可以在牢固的椅子或平台上進行，把滾筒按壓在比較痠痛的點上，膝蓋反覆彎曲及伸直，總共 5 次。

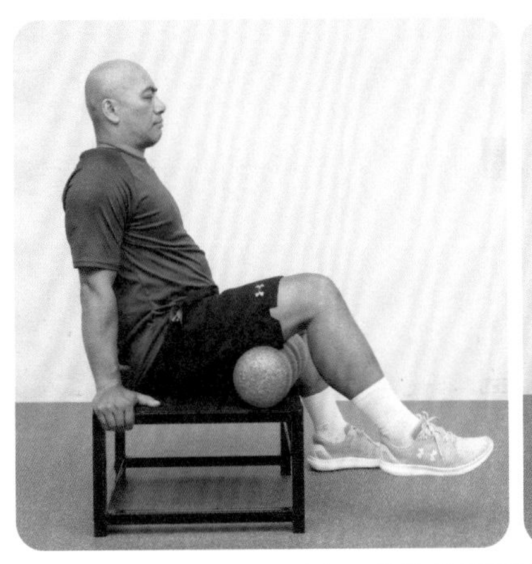

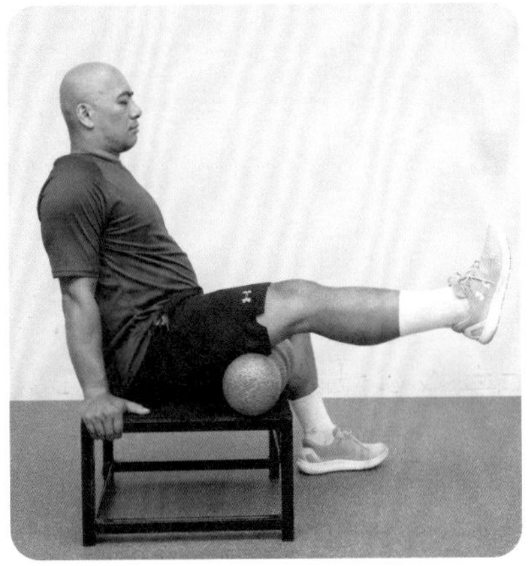

【圖 3.22 置於較痠痛點上，讓膝蓋反覆彎曲伸直】

一邊操作完之後，再進行另一邊。

實務經驗上，有不少人說：「按壓大腿後側時沒什麼感覺」，這是因為在地面上按壓大腿後側，大部份的體重是落在地面上，而不是在滾筒上，所以按起來不太有感覺。解決的方法是，找一個牢固的平台，把滾筒放在平台上，再讓滾筒置於大腿後側的下方，這樣按壓力道會明顯重很多。

◎小腿後側

步驟 1：前後來回 10 次

坐在地上，滾筒置於右腳小腿後側的中段，前後來回按壓 10 次。

【圖 3.23 前後來回按壓小腿後側】

步驟 2：左右微轉動 10 次

滾筒置於步驟 1 中比較痠痛的區域上，小腿向左再向右微轉動，來回 10 次。

【圖 3.24 左右微轉橫向按壓較痠痛區域】

步驟 3：活動鄰近關節 5 次

在步驟 2 中比較痠痛的點，假設是小腿肚中間，讓滾筒停留在該點上，開始活動鄰近關節「腳踝」，讓腳踝盡可能畫最大的圓，順時針與逆時針分別轉 5 圈，然後腳掌往後勾、往前踏 5 次。一邊操作完後再進行另一邊。

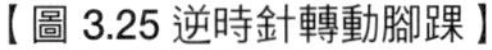
【圖 3.25 逆時針轉動腳踝】

【圖 3.26 順時針轉動腳踝】

【圖 3.27 腳掌往後勾】

【圖 3.28 腳掌往前踏】

◎足底

足底的按壓方式，也可以透過滾筒操作，讓腳踩在滾筒上面前後來回按壓 10 次。如果不容易站穩，可以扶著牆或牢固的物體，或以坐姿來進行。

【圖 3.29 腳掌踩在滾筒上前後來回按壓】

因為每個人腳掌的使用方式及受力位置不同，所以在操作上，我會建議操作時可以調整腳掌的位置，也按壓到偏「外側」或「內側」的腳掌。如果你購買的滾筒有凹槽設計，可以善用下凹的位置給予足底更多面向的按壓。

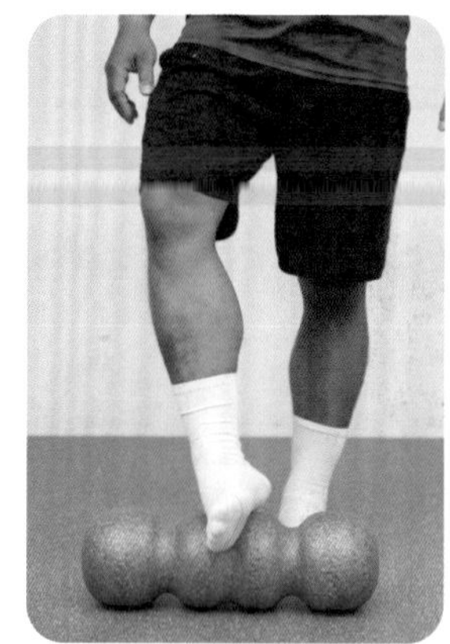
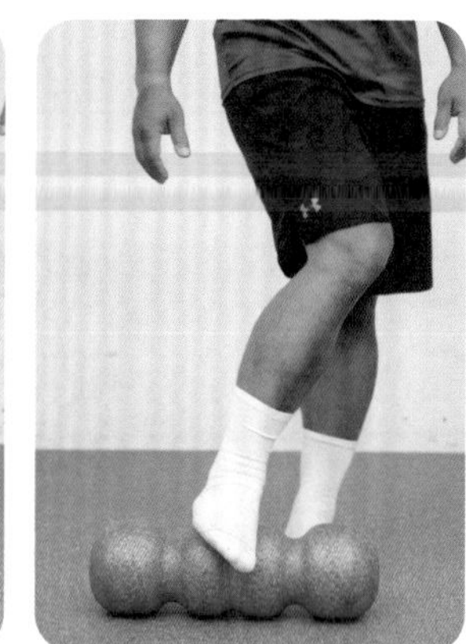

【圖 3.30 調整腳掌位置按壓偏內、外側腳掌】

足底的按摩看似簡單，但很重要。事實上，它不是只有按摩的效果，還能打開足底 33 個關節、活化足底內部的穩定肌群，並改善足底的控制及感覺。在《運動傷害完全復健指南》一書上有提到其好處：

- 改善僵緊的腳掌有助於改善活動時（包括走路）下肢面對衝擊的吸收能力。
- 刺激腳底會刺激到 L5S1 神經，這可能有助於改善腰痛。
- 增加身體面對疼痛壓力的忍受極限，也會減少局部足底疼痛。

我也很推薦自製「健康步道」：到生活百貨購買能夠雙腳踩入、並有足夠深度的盆子，再到建築材料行購買「鵝卵石」，將石頭平舖在盆子裡，人赤腳在石頭上面進行「原地轉圈」的動作。例如，原地順時針轉 5 圈，逆時針轉 5 圈，可以更全面地按壓到腳掌。在石頭的選擇上，盡量不要選擇太過尖銳的石頭（如公園的健康步道），太過疼痛反而沒有效果。

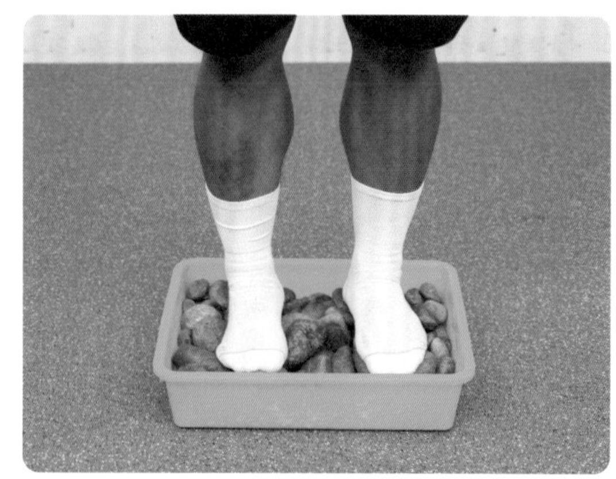

【圖 3.31 自製健康步道】

4

Chapter

髖關節的活動操

上一章的「滾筒按壓」，主要是針對局部的肌肉，以被動方式來促進結締組織恢復水分；而本章將介紹的活動操，目的在於透過主動收縮肌肉的方式，來促進關節及鄰近區域的血液循環。循環變好，肌肉緊繃感會下降，關節活動度會變好，讓你後續在進行運動或者訓練時，動作可以更輕盈且順暢。

動作的選擇及變化可以有很多，但我一向喜歡簡單而基本的動作，不僅容易做對，也比較能規律地進行，而「規律」正是產生長期效果的關鍵。以下介紹我認為最簡單、基本的髖關節活動動作，包括：

- 髖屈肌靜態伸展
- 髖外旋靜態伸展（鴿式）
- 髖內收動態伸展
- 髖外展動態伸展

此外，在實務教學上，有時學員會忽略一些小細節，讓動作的效果打了折扣。因此我也會說明常見的錯誤狀況，讓讀者知道在操作時要特別注意哪些細節。

髖屈肌靜態伸展

不論在自主訓練或私人授課，「髖屈肌伸展」是我必做的動作之一。在開始前，我想先向讀者介紹「交替抑制」這個觀念。

肌肉是成雙成對的，主要完成動作的肌肉稱為「作用肌」，配合放鬆的肌肉稱為「拮抗肌」，作用肌與拮抗肌角色是相反的，兩者必須互相合作，才能產生理想的動作。例如髖屈肌跟臀大肌是一對的，當臀大肌要用力時，髖屈肌必須放鬆。

但現代人經常久坐，導致髖屈肌變得緊繃。某些動作需要臀大肌用力，像是橋式或從椅子上站起來時，但髖屈肌緊繃無法配合放鬆，導致臀大肌無法有效進行收縮，它的功能就會受到抑制，造成代償發生，這現象又稱為「變形的」交替抑制。

代償是什麼意思呢？當你要從椅子站起來，主要工作的作用肌「臀部」卻無法有效收縮，但身體又必須完成站起的任務，這時必須由其他肌肉來「接管」它的工作，但其他肌肉原本就有自己的工作，現在又要分擔臀部的工作，導致「負擔過重」，除了肌肉會變得緊繃之外，間接也會使得身體運作缺乏效率及失衡，身體終會在某時刻潰不成軍。

針對這種狀況，我會安排髖屈肌的靜態伸展，來降低它的緊繃感。

步驟 1：預備姿勢是高跪姿。

步驟 2：右腳往前跨，讓小腿與大腿呈 90 度（也可以想成讓小腿垂直地面）。

步驟 3：將臀部收緊後，臀部盡可能往前推，維持在這個姿勢 30 秒，過程中用鼻子呼吸。接著換邊進行。

【圖 4.1 高跪姿】

【圖 4.2 右腳往前跨，小腿與大腿呈 90 度】

【圖 4.3 臀部收緊往前推】

在這個動作的教學上，我通常會遇到兩個狀況：

【圖 4.4 臀部往肚臍方向捲】

1. 不知道怎麼收緊臀部

當學員不知道怎麼收緊臀部時，我會使用「臀部往肚臍方向捲」的提示語來教導學員（如圖 4.4）。

若學員還是沒辦法理解，可透過手指的協助來帶動髖關節的轉動。首先比個「七」，將大拇指放在髖關節的前側，食指放在髖關節的後側。

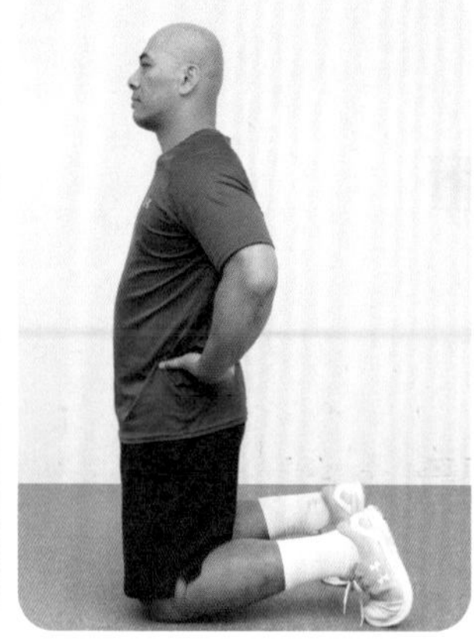

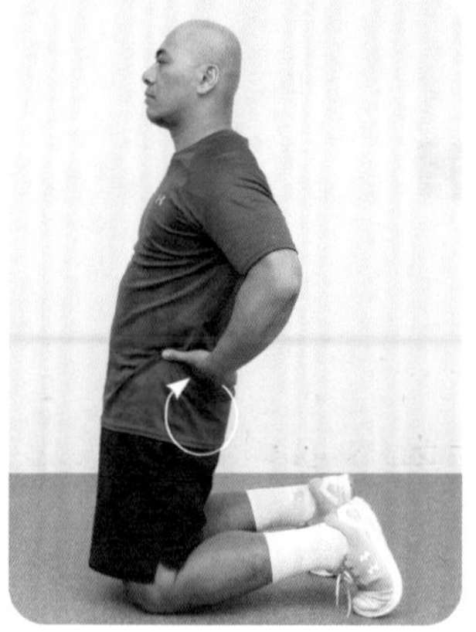

【圖 4.5 比「七」後放在髖關節前後側，手指以順時針帶動關節】

臀部往肚臍方向捲的動作，從左側來看，就是透過手指以「順時針」的方式來帶動髖關節。

2. 學員忘記收緊臀部

在步驟 3 時，有的人會忘記要「收緊臀部」，導致臀部往前推到底的過程中，前腳膝蓋往前移動的距離過長，甚至超過腳尖（如圖 4.6），這樣對於髖屈肌伸展效果有限，反而會伸展到膝蓋前側的肌肉。當臀部用力收緊的情況下，臀部「能」往前推的距離是很短的，這一點務必要注意。圖 4.7 是臀部有收緊（左）跟未收緊（右）時，臀部往前推的比較。

【圖 4.6 前腳膝蓋往前移動過長，反而伸展到膝蓋前側肌肉】

【圖 4.7 臀部向前推時有無收緊比較圖】

如果希望伸展的幅度更大一點，可以讓後腳髖關節呈現內旋，來增加肌肉的伸展幅度。為了容易操作，我會在後腳墊一個「梯形助展軟墊」。以伸展左腳髖屈肌為例，將梯形軟墊高的一邊朝向 8 點鐘方向，將左腳順著軟墊的方向放在上面，此時前腳依然是朝向 12 點鐘方向（如圖 4.8）；若是伸展右腳髖屈肌的話，將梯形軟墊高的一邊朝向 4 點鐘方向，前腳依然朝向 12 點鐘方向。

沒有軟墊的話，也可以使用滾筒來替代。

【圖 4.8 使用梯形助展軟墊】

【圖 4.9 使用滾筒替代】

身體實驗：橋式

前面有提到，髖屈肌緊繃會抑制臀大肌的功能，因此舒緩髖屈肌的緊繃，臀大肌的功能就會恢復。要怎麼驗證呢？我們可以利用橋式這個動作，來看看伸展前後的差異。

步驟 1：躺在地面上，雙腳屈膝。

【圖 4.10 躺於地面，雙腳屈膝】

步驟 2：臀部往肚臍方向捲並離地，在頂部停留 1 秒，去感受臀部收縮的感覺，然後慢慢將臀部放回地面，來回進行 5 次。在進行動作時，不需要刻意將臀部推得很高（比方說，連上背也離地），因為就我的教學觀察，有不少人都是藉由「頂腰」來產生動作的，但這是不好的動作。只要想像「臀部往肚臍方向捲」即可。我會在第五章進一步介紹如何調整腳掌間的距離來提升橋式動作的感覺及幅度。

【圖 4.11 臀部往肚臍方向捲並離地】

步驟 3：進行髖屈肌伸展，每邊 30 秒。

步驟 4：重新再做一次橋式動作，一樣來回進行 5 次，如果髖屈肌有確實伸展的話，你會發現更容易抓到臀部收縮的感覺。

髖外旋靜態伸展（鴿式）

當我們走路、上樓梯、跑步、騎腳踏車、人要坐進車子裡面，還有深蹲等時候，都會旋轉骨盆，再將重量移到某一隻腳，這時就會用到髖關節外旋。如果髖關節外旋的活動度不足，壓力就會轉移到膝蓋上，長期下來造成膝蓋不適甚至受損。

【圖 4.12 鴿式】

但有活動度前，先要有柔軟度，所以我會安排「鴿式」這個動作，這也是我的必做動作之一。

做鴿式的時候，前腳的臀部外側會有伸展的感覺。有些學員因為髖關節過於緊繃，但又為了完成鴿式動作，除了上半身容易駝背之外，也會對「膝蓋內側」產生不必要的壓力，反而讓膝蓋不舒服或受傷。務必記住，鴿式主要伸展的部位是前腳的臀部「外側」，而不是「膝蓋」，這很重要。

教學時，我會使用「梯形助展軟墊」來輔助，改善學員姿勢，讓伸展效果更好。

【圖 4.13 使用梯形助展軟墊輔助鴿式】

沒有軟墊的話，可以換成滾筒、瑜伽磚，或者把瑜伽墊捲起來使用。

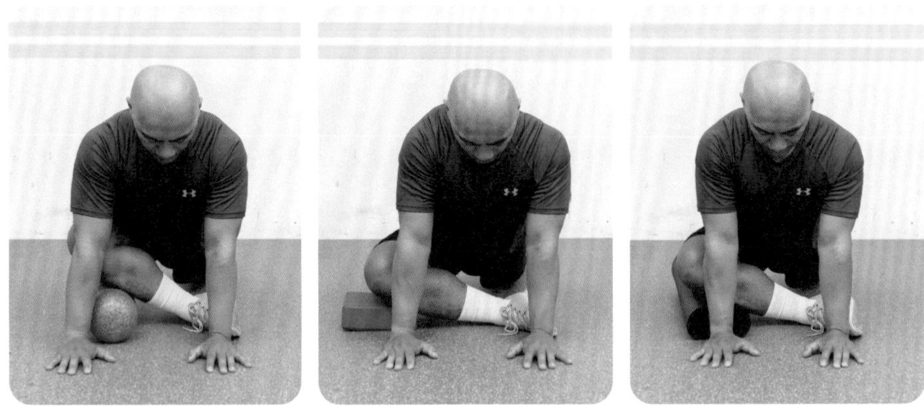

【圖 4.14 使用滾筒、瑜伽磚或瑜伽墊輔助鴿式】

鴿式的步驟如下：

步驟 1：預備姿勢是「四足跪姿」（手腕在肩膀正下方，膝蓋在臀部正下方），將梯形助展軟墊以右高左低的方向放在雙手與雙腳中間。

【圖 4.15 四足跪姿】

步驟 2：將右腳膝蓋往前放到墊子上，並盡可能讓小腿及膝蓋都在墊子上，小腿盡量平行墊子的邊緣，也就是小腿和大腿盡量呈 90 度（膝蓋呈 90 度）。

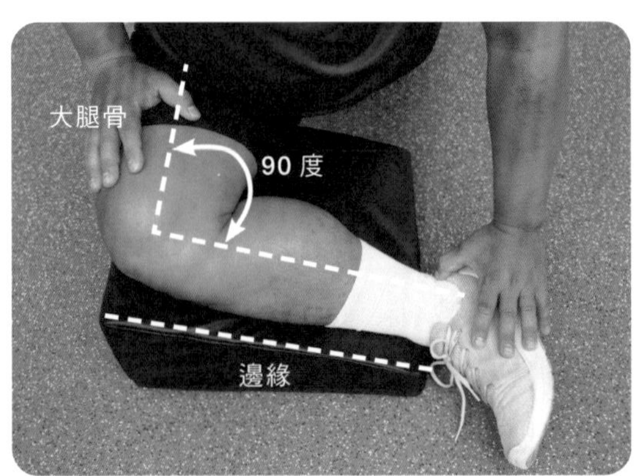

【圖 4.16 將膝蓋放到墊子上並調整位置】

步驟 3：後腳盡可能往後延伸，同時讓左邊臀部盡量貼近地面（貼不到是正常的），在這個姿勢維持 30 秒，並保持以鼻子自然呼吸。

【圖 4.17 讓後腳延伸並讓左臀貼近地面】

步驟 4：換邊進行，同樣維持 30 秒。

在教學上常會遇到學員發生下列狀況：

3. 膝蓋小於 90 度

在準備動作時，沒有注意的話，腳踝會往臀部方向縮，伸展的效果就會打折，所以要留意讓膝蓋盡可能呈 90 度。如果有困難，可以用另外一隻手放在腳踝後側將腳踝擋住，限制它往後移動（如圖 4.19）。

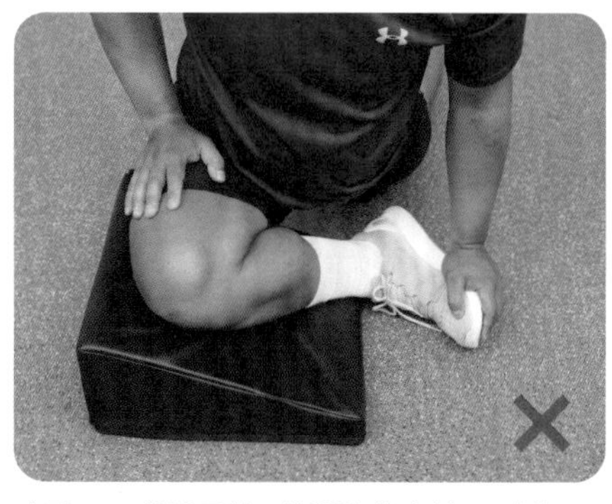

【圖 4.18 錯誤示範：前腳膝蓋小於 90 度】

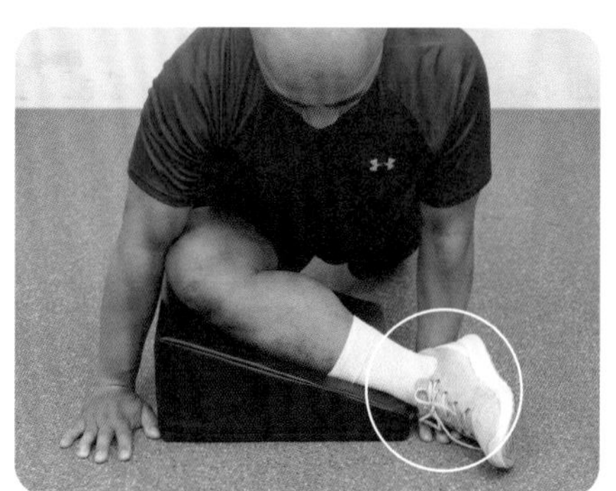

【圖 4.19 讓手放在腳踝後側限制前腳後收】

4. 上半身趴到地上

【圖 4.20 錯誤示範：上半身趴到地板上】

有的學員在做鴿式時，會讓上半身趴在地上，但通常這樣膝蓋角度會縮小，伸展反而有限。我不建議上半身往前趴，最好是雙手伸直放在墊子前即可。

5. 上半身垂直地面

【圖 4.21 錯誤示範：上半身垂直地面】

有的人會誤解「脊椎中立」就是「脊椎要垂直地面」，在進行很多動作時，像是深蹲、硬舉或是鴿式，會刻意讓上半身垂直地面，但這會帶給腰椎（下背）壓力，我不鼓勵這麼做。

髖內收動態伸展

此動作也稱為「髖內側搖擺」，目的是藉由動態的方式去活動髖關節內側。

【圖 4.22 四足跪姿】

步驟 1：從四足跪姿開始。

步驟 2：右腳盡可能往右側延伸，同時腳尖要朝前。

步驟 3：手掌往右水平移動，讓兩掌回到肩膀下方的位置。

【圖 4.23 右腳往右延伸，腳尖朝前】

【圖 4.24 手掌往右水平移動至肩膀下方】

步驟 4：臀部往後坐，再往前回到原位置，來回進行 5 次。

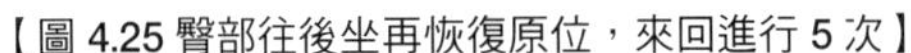
【圖 4.25 臀部往後坐再恢復原位，來回進行 5 次】

步驟 5：同樣的步驟換邊進行，一樣是 5 次。

髖外展動態伸展

這個動作又稱為「蜘蛛人伸展」，是藉由動態的方式來活動髖關節外側，同時搭配活動胸椎旋轉的動作。此動作以左右腳交替的方式進行，左右腳各做 1 次算 1 組，總共進行 5 組。

步驟 1：從四足跪姿開始。

步驟 2：雙腳往後伸直，腳跟往後踩。

步驟 3：右腳跨到右手的旁邊（此時留意左腳腳跟仍維持往後踩）。

【圖 4.26 四足跪姿】

【圖 4.27 雙腳往後伸直，腳跟後踩】

【圖 4.28 右腳跨至右手旁邊】

步驟 4：用右手肘去觸碰右腳腳踝（碰不到沒關係），接著讓上半身向右打開，右手向上延展伸直，然後右手回到地面上，右腳回到預備位置。

【圖 4.29 讓右手肘去觸碰腳踝後向上展開】

步驟 5：換成左腳，重複步驟 3 及步驟 4 的動作。

教學上會遇到的狀況有以下幾種：

1. 後腳未伸直

【圖 4.30 錯誤示範：後腳未伸直】

【圖 4.31 改以後腳膝蓋著地進行】

後腳往後伸直，腳跟向後踩，可以一併伸展後腳的小腿後側、大腿後側，也藉由臀部的收縮來動態伸展髖屈肌，如果後腳未伸直，就會少了以上的好處。

但有的人在進行動作時手撐不住，或肚子會掉下來，這時會建議改以後腳膝蓋著地的方式進行。

2. 翻腳掌

在步驟4中，手肘去碰觸腳踝時，腳掌若能固定住，可以順便活動側向的踝關節角度。如果翻腳掌，不但少了這個好處，也會減少髖關節外展的伸展。

【圖 4.32 錯誤示範：翻腳掌】

3. 駝背

【圖 4.33 錯誤示範：駝背】

【圖 4.34 正確位置】

駝背在這個動作中很常見，但如果是自己在操作，很難去注意到這點，通常需要教練在旁指導。在教學中，我會提示學員「長高」，或「想像頭頂有一條線，延著這條線往前往上延伸」。

動作的安排順序及操作時間

我會把髖屈肌的伸展安排在第一個，因為它會影響到其他動作中進行「髖伸」的部位。比方說，以鴿式為例，當後腳要往後延伸時，同時也在伸展髖屈肌，如果髖屈肌比較緊繃，臀部會沒辦法往地面方向接近，鴿式伸展的效果就會打折。

再來，靜態伸展的動作也會優先於動態伸展的動作，所以我順序上的安排是：

- 髖屈肌靜態伸展
- 鴿式（髖外旋）靜態伸展
- 髖內收動態伸展
- 髖外展動態伸展

時間及次數呢？

若是安排在運動或訓練前，或者平日的保養或動態恢復，靜態伸展的部分，每邊進行 30 秒；動態伸展的部分，則是每邊 5 次，或兩邊交替為 1 組共 5 組，遇到天氣比較冷，或者本身是比較難活動開的人，可以增加次數，比方說到每邊 10 次。

教課時，我經常會被問到一個問題：「如果肌肉比較緊繃，可以多做嗎？比方說，靜態伸展時間拉長到 2 分鐘，動態伸展做個 20 次，或者多做幾組？」

我不支持長時間靜態伸展及高反覆動態伸展，因為在實務教學上，學員沒有辦法持續專注太久。因此我會建議 2 ～ 3 組即可，不用 1 組做很長時間或很多次。

想光靠伸展來改善緊繃，其實效果很有限，因為它維持的時間不長。如果是要改善日常生活或運動所造成的緊繃，減少長時間「不動」或「動」才是解決辦法。以久坐的上班族來說，減少「長時間」處於一個姿勢，盡量找空檔來活動身體；以運動員來說，學習對的技術之外，同時也要控制運動的量，因為「運動過量」也是導致身體緊繃不退的原因。

要是沒辦法改變現況，我們只能學著如何跟它和平相處。

5

— Chapter —

髖關節動作喚醒術

要完成一個動作，會同時運用到肌肉、結締組織及關節等元素。前面的章節先介紹了肌肉喚醒術、滾筒按壓（結締組織的復水）與髖關節活動操，接著在這一章，要教身體如何主動地使用它們（肌肉、結締組織、關節等）來產生正確的動作，這樣的技術我稱為「動作喚醒術」。稱作「喚醒」，是為了讓大家容易理解概念，但並不表示肌肉平常是被「關機」了。

肌肉是由神經來控制，常使用的肌肉，連結它的神經就會比較強而主動，我稱為「方便肌肉」，而我們「希望」臀部是方便肌肉，以便於我們進行任何跟臀部有關的動作時，由臀部來主導動作。不常使用的肌肉，連結它的神經就會比較弱而被動，稱為「抑制肌肉」。如果你缺乏活動，不常使用臀部，臀部的功能便會受到抑制，成為抑制肌肉，這會導致協同肌（如大腿後側）接管它的工作，形成一個「代償現象」。當你不去理會它，持續進行動作，這樣的代償現象就會固定成一個「方便動作」，凡是需要由臀部主導的動作出現時，身體就會自動地以大腿後側來主導動作，而不是由臀部了。

如此一來，在現實生活中或運動時，當你需要進行某個動作，身體就會習慣以「方便動作」來完成它；當動作的反覆次數超出身體可以承受的量（閾值）時，就會以不適甚至疼痛的訊號來讓我們知道。

想要改善代償動作，或是發展正確的動作模式，除了透過肌肉喚醒術，讓作用肌、協同肌及穩定肌等可以各司其職外，也需要重新教育身體，主動地產生適當的動作，降低代償的發生。

這章節主要以髖關節來說明，動作數量不多也不困難，但要先確保做對，再增加反覆次數。

◎橋式

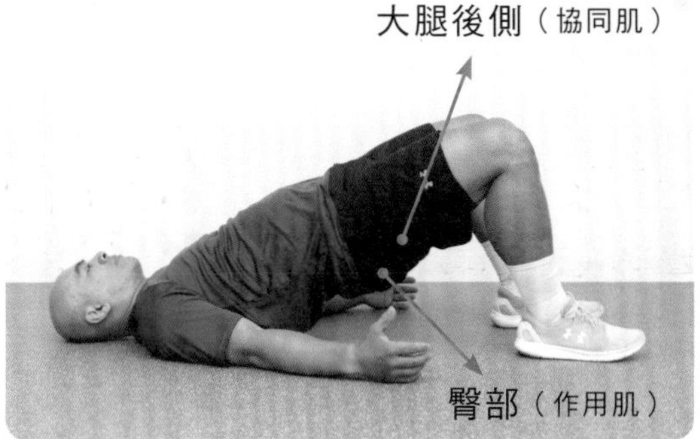

【圖 5.1 橋式】

橋式是訓練臀部最常見的動作，對於有「臀部失憶症」——不知道如何適當地使用臀部的人來說，這是一個很好的入門動作。進行這個動作時，主要的感覺在「臀部」上，不是大腿後側，也不是在下背。

步驟 1：平躺，雙腳屈膝放在地上，雙手置於身體兩側。

【圖 5.2 雙腳屈膝踩地，雙手置於身體兩側】

腳跟要離臀部多遠呢？請以要能讓身體其他部位不會緊繃為標準。比方說，腳跟離臀部太近，膝蓋周圍就會變得緊繃。

如果離臀部太遠，下背會稍微離開地面，這也不理想。

可以試著找出適合自己臀部用力的距離。

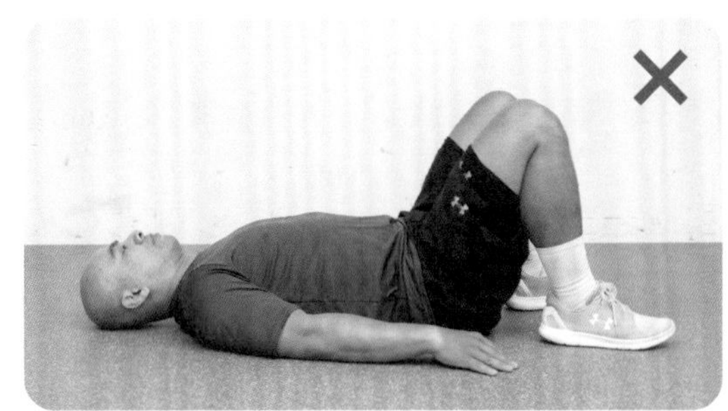

【圖 5.3 腳跟離臀部太近】

【圖 5.4 腳跟離臀部太遠】

步驟 2：讓腳掌中間只隔一個拳頭的距離，同時稍微將膝蓋往外打開。

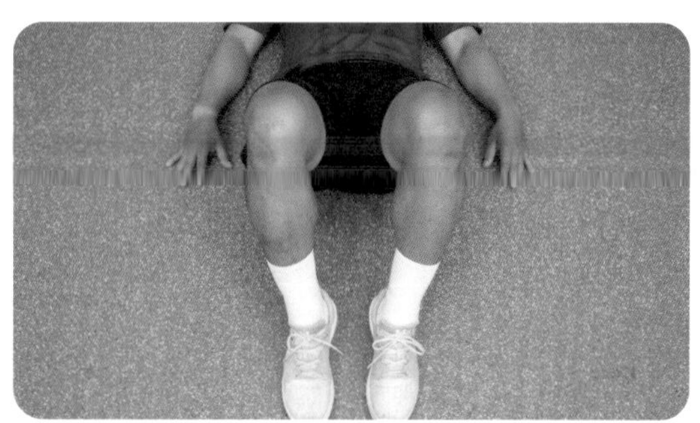
【圖 5.5 腳掌間隔一個拳頭，膝蓋稍微往外打開】

步驟 3：臀部上抬收緊，收緊的感覺可以想成「臀部往肚臍方向捲」或者「臀部被冰水滴到的反應」，在頂部的位置停留 5 秒，然後再回到地面，來回進行 5 次。在進行動作中，腳掌維持平貼在地上即可。

動作喚醒的目的不在於做到「力竭」，或是動作做到「發抖」，它主要是去活化訓練的部位，所以維持的時間不用很長。

【圖 5.6 臀部上抬收緊】

進行橋式教學時，常見的教法是讓雙腳與肩同寬（如圖 5.7 左），但為了讓學員可以更容易掌握到臀部收縮的要領，我會讓雙腳之間的距離縮短（如圖 5.7 右）。

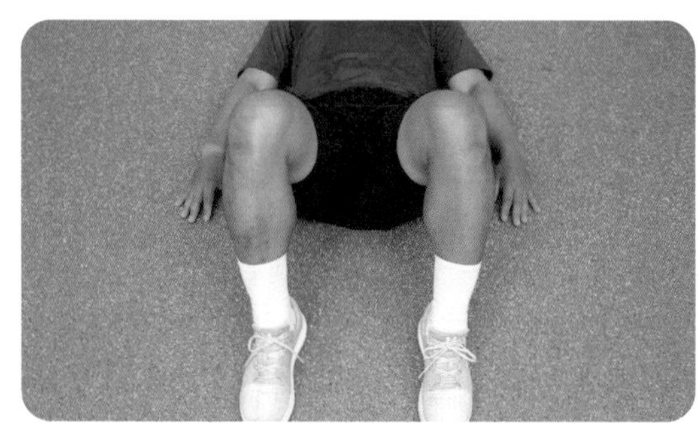
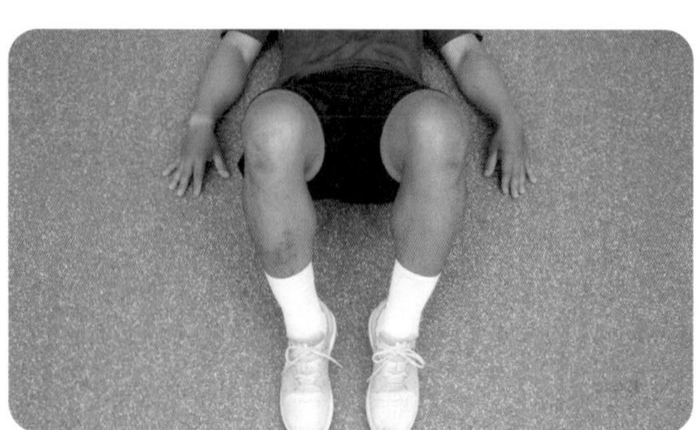
【圖 5.7 雙腳距離比較圖】

雖然只是調整雙腳的距離，但對有的人來說，臀部收縮的感覺及幅度就會明顯增加，對於臀部不知道怎麼用力的人，可以試試看這樣做。

下面是一個比較圖，左邊是雙腳與肩同寬，右邊是雙腳之間隔一個拳頭距離，可以明顯看到，右邊的臀部抬起的幅度比較高。

【圖 5.8 雙腳距離不同，臀部抬起幅度也不同】

◎單腳橋式

在熟悉雙腳橋式後，可以漸進到單腳的版本。

【圖 5.9 單腳橋式預備動作】

進行單腳橋式，我喜歡的做法是透過對側的手腳互推的方式，讓核心可以主動參與收縮，同樣每邊進行 5 次，每次在頂部位置維持 5 秒。

由於這動作更需要髖關節的穩定性，剛接觸這動作的人，有時會抓不到臀部用力的感覺，痠的部位反而變成大腿後側或下背。遇到這狀況時，可以把時間縮短，比如說 5 秒改成 1 秒，等抓到臀部用力的感覺後，再延長時間。

【圖 5.10 單腳橋式】

◎迷你彈力帶

【5.11 迷你彈力帶】

迷你彈力帶是一個十分普及的訓練工具，圖中的規格是長 23 公分，寬 5 公分，厚度 0.5 公釐，材質是天然乳膠。一般來說，厚度愈厚，阻力就愈大，這種阻力大小非常主觀，建議可以先從最輕的開始，讓你可以專注在「如何適當地進行動作」及「動作操作下的肌肉感受」，而不是在於「克服阻力」上。

我們可以利用它來喚醒髖關節的側邊，最常搭配的姿勢是「運動員姿勢」：身體直立，雙腳與肩同寬，臀部往後坐，這個動作會讓你的髖關節外側有感覺。

進行這個姿勢時，有一個重點：「臀部往後推」，而不是「膝蓋往前」（如圖 5.13），這兩個是完全不同的姿勢。

【圖 5.12 運動員姿勢】

【圖 5.13 錯誤：膝蓋往前】

「臀部往後推」這個姿勢做對時，會感覺臀部及大腿後側在「伸展」；但「膝蓋往前推」時，會造成膝蓋周圍有壓力。以這個動作來說，身體的重量會落在身體的「轉折處」，我們會希望是大關節（即髖關節）而不是小關節（膝關節）來承受重量。這是進行這個動作時，務必要有的觀念。

以下介紹幾個在訓練上常見的迷你彈力帶用法：

◎運動員姿勢的髖關節內旋/外旋

我們會將迷你彈力帶套在雙腳的膝蓋「上緣」，操作的步驟如下：

步驟 1：預備姿勢為「運動員姿勢」，雙手叉腰，左腳不動，讓右腳的膝蓋往內再往外，來回算 1 次，總共進行 10 次。

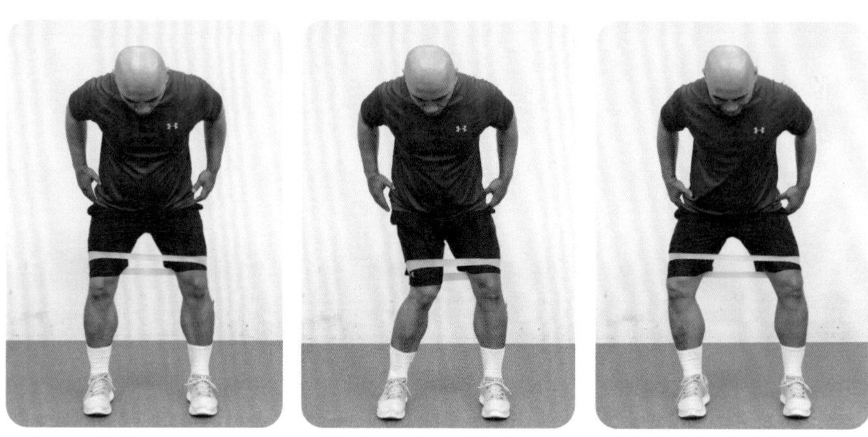

【圖 5.14 將迷你彈力帶套在膝蓋上緣，以運動員姿勢內外來回移動膝蓋】

步驟 2：換左腳進行 10 次，右腳不動。

在教學上，有三個地方是學員比較容易做錯或有狀況的：

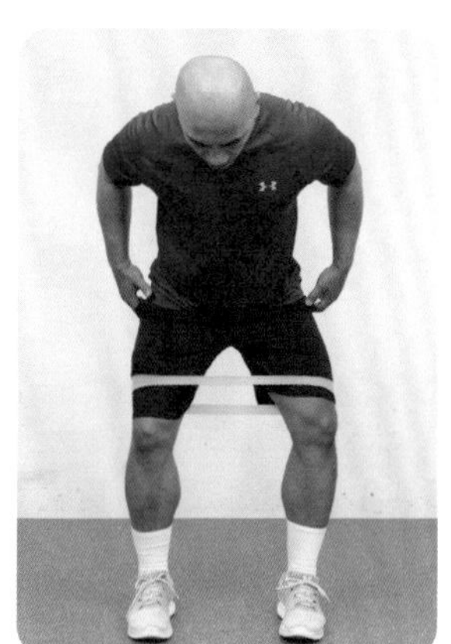

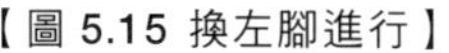

【圖 5.15 換左腳進行】

第一，膝蓋往內及往外的過程中，腳掌會跟著往內及往外翻（如圖5.16）。這不是預期的動作，我會提示學員「不要讓我看到腳掌」，也就是腳掌要保持貼地。

第二，進行動作時，如果操作右腳，左腳要保持不動，也就是要抵抗彈力帶的拉扯，不被右邊拉過去（如圖5.17），反之亦然。

第三，迷你彈力帶的選擇是寧可輕也不要重，選擇阻力太重時，膝蓋會做不出往外的動作，這時反而要透過身體其他的部位來幫忙，或者動作的「幅度」會減小。所以再次強調，這並不是肌力訓練，不需要選擇阻力太重的彈力帶。

這個動作也可以雙腳一起進行，不過我的經驗是很難兼顧，慣用腳可以做得很好，但非慣用腳可能只是做做樣子，沒辦法同時注意兩邊的動作，所以我在教學上都是一次一邊。

【圖 5.16 錯誤示範：腳掌跟著外翻】

【圖 5.17 錯誤示範：非操作腳跟著一起被拉動】

【圖 5.18 雙腳同時進行】

雙腳同時進行

◎運動員姿勢的髖關節外展

有「原地式」與「移動式」兩種做法。如果空間有限，採原地式即可，如果空間夠大，可以嘗試移動式，能夠發展更多的身體協調性。

原地式

步驟 1：預備姿勢為運動員姿勢，彈力帶是套在腳踝上緣。

步驟 2：左腳不動，讓身體的重量都在左腳上。把右腳往外點地，像是蜻蜓點水一樣，腳尖點到地之後就回到預備姿勢，來回算 1 次，總共進行 10 次。

進行動作時，左腳一樣不能被往右拉，同時還有一個重點，就是身體不要跟著往右邊走（如圖 5.21），重量要一直維持在支撐腳上。

步驟 3：換邊進行 10 次，換右腳不動。

【圖 5.19 以運動員姿勢預備，彈力帶套在腳踝上緣】

【圖 5.20 右腳向外點地】

【圖 5.21 錯誤示範：身體跟著往右移動】

【圖 5.22 換左邊進行】

熟悉動作後，可以嘗試加入手部動作去發展手腳協調的能力。

首先，先擺好手的位置，手肘彎曲，手掌相對，手肘與身體間隔約一個拳頭距離。

【圖 5.23 手掌相對，與身體隔約一個拳頭距離】

【圖 5.24 左手掌放左胸前，右手掌放到右邊髖關節旁】

【圖 5.25 右腳踩出時，左手掌移到髖關節旁，右手掌移回胸前】

如果要進行的是右腳往外點地，先把左手掌放在左胸前，右手掌放到右邊髖關節旁邊。然後右腳踩出去時，左手掌移到髖關節旁邊，右手掌移回胸前。右腳回到預備姿勢時，兩手也各自回到預備姿勢。

加入手部動作的原地式

若是進行左腳往外點地，就讓右手掌放在右胸前，左手掌放在左邊髖關節的旁邊做為預備姿勢。

這個動作分解描述較為繁瑣，但實際操作做過一次，就能掌握要領。

【圖 5.26 左腳往外點地的進行方式】

教學實務上，少數人會出現「同手同腳」的情況（如圖 5.27），主要的問題在於預備姿勢時，手的位置沒有擺對。手腳的位置怎麼記呢？腳不動的那一側，該側的手就先放在胸前，然後動腳就擺手，腳回預備位置，手就回預備位置。

【圖 5.27 錯誤示範：同手同腳】

移動式

空間許可的情況下，可以進行移動式，去練習身體的重心轉移。

步驟 1：預備姿勢為運動員姿勢，彈力帶是套在腳踝上緣。在身體往右橫移之前，要先擺好手的位置：右手掌放在右胸前，左手掌放在左邊髖關節的旁邊。

【圖 5.28 預備姿勢】

步驟 2：接著進行動作：往右移動 10 步，手的位置在胸前及髖關節旁邊來回。

【圖 5.29 往右移動】

步驟 3：換邊進行 10 步。

【圖 5.30 換邊進行】

進行動作時，支撐腳同樣要抵抗橫向的拉力，不要被拉走。圖 5.31 右圖動作錯誤，是因為往右移動時，左腳腳踝被拉走了。

【圖 5.31 進行動作時，支撐腳不要被拉走】

迷你彈力帶的位置

彈力帶套的位置會影響髖關節側邊（臀中肌）的挑戰程度，彈力帶離髖關節側邊愈遠，對於臀中肌的挑戰就愈大，反之就愈小。挑戰程度由大到小分別是：腳掌、腳踝、膝蓋。

【圖 5.32 彈力帶套的位置不同，會影響臀中肌的挑戰程度】

在實務上，彈力帶套在腳掌上，會因為跟地面磨擦而容易斷裂，所以我選擇套在腳踝上緣，而非腳掌上。

◎運動員姿勢髖關節45度伸展

運動員姿勢的伸展也有「原地式」與「移動式」兩種做法。

原地式

步驟 1：預備姿勢為運動員姿勢，彈力帶是套在腳踝上緣。先動右腳的話，左手放在胸前，右手放在髖關節側邊。

【圖 5.33 預備姿勢】

【圖 5.34 右腳往後點地，手跟著擺動】

步驟 2：左腳不動，讓身體的重量都在左腳上。把右腳往後 45 度點地，像是蜻蜓點水一樣，腳尖點到地之後就回到預備姿勢，來回算 1 次，總共進行 10 次。

進行動作時，左腳一樣不能被往後拉，同時還有一個重點，就是身體不要跟著往後走，甚至把重量完全放到右腳，重量要一直維持在支撐腳上，右腳只有腳尖著地。

步驟 3：換邊進行 10 次，換右腳不動。

【圖 5.35 重量要一直維持在支撐腳上，後腳僅輕輕點地】

【圖 5.36 換邊進行】

移動式

我也稱這動作為「怪獸走路」。操作時，會往前走 20 步，再倒退走 20 步。

步驟 1：預備姿勢為運動員姿勢，彈力帶是套在腳踝上緣。待會先從右腳開始，開始之前，先擺好手的位置：右手掌放在右胸前，左手掌放在左邊髖關節的旁邊。等一下在進行動作時，手的位置就是在胸前及髖關節旁邊來回。

【圖 5.37 預備姿勢】

步驟 2：想像在走鐵軌一樣，雙腳的距離維持不變，往前走 20 步。

步驟 3：後退走 20 步。

【圖 5.38 向前走 20 步】

【圖 5.39 後退走 20 步】

倒退的動作很多人會同手同腳，如圖 5.40。

【圖 5.40 錯誤示範：同手同腳】

因為手的預備位置跟前面的動作不一樣，所以在教學上，我會建議預備姿勢就讓腳一前一後，然後手再去擺好相對位置，在這個預備姿勢下去倒退走。圖 5.41 的左圖是正確的擺法，右圖則是錯誤的。

【圖 5.41 預備動作時的擺法】

◎深蹲

如果課表有安排深蹲，可以將迷你彈力帶套在雙腳膝蓋上緣，再進行徒手深蹲，來預防動作進行中有「夾膝」（膝蓋往內夾）的狀況，可以進行 10 次。

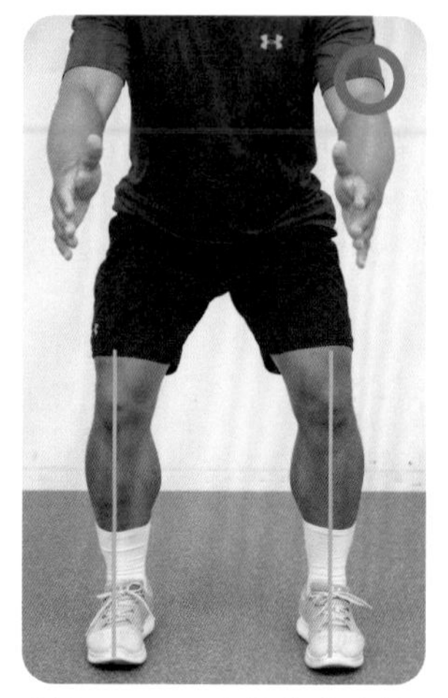
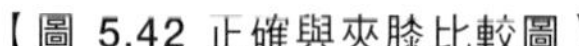

【圖 5.42 正確與夾膝比較圖】

建議彈力帶的阻力不要太大，阻力太大反而會影響動作的發力模式。由於進行深蹲時，動作的發力模式是上下，如果彈力帶阻力太大，膝蓋需要很用力往外推，產生橫向的分力，反而干擾了動作模式。

順帶一提，我知道有許多人重訓在進行負重深蹲時，如果突然出現夾膝的狀況，會透過把迷你彈力帶套在膝蓋上來解決夾膝問題，但這種做法是有待商榷的。若操作者徒手深蹲時不會夾膝、中低負荷也不會，直到某個強度的重量時才出現，可以合理判斷這是「強度太高」所導致的動作控制問題，解決方法應該是「降低重量」，而非用彈力帶套住膝蓋。

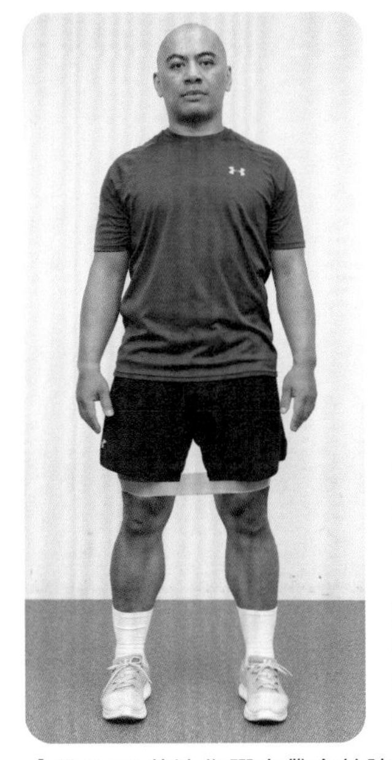

【圖 5.43 將迷你彈力帶套於膝蓋上緣進行徒手深蹲】

當雙腳套上彈力帶，原本垂直的發力被部分分配到水平去抵抗彈力帶，會造成垂直發力下降，所以可承擔的強度應該也會跟著下降。但套上彈力帶後，夾膝的問題確實消失了，為什麼呢？因為當膝蓋套上彈力帶，操作者會專注在「膝蓋往外推」，但原有的動作控制問題（也就是代償），其實可能只是移轉到其他地方而已。

【圖 5.44 錯誤示範：用迷你彈力帶解決負重深蹲時的夾膝問題】

6

Chapter

下肢肌力訓練動作

發展下肢肌力是強膝訓練計畫的主餐。在教學經驗中，若因為走路、跑步、爬山或球類運動而出現膝蓋不適的人，隨著下肢肌力的進步，膝蓋不適的症狀就會明顯獲得改善，這也是《麥克波羅伊功能性訓練聖經》作者所強調的「訓練＝復健」，即一個好的訓練方式本身就有復健的效果，所以若你從事一項訓練但卻沒有改善你原有的問題時，或許該重新思考訓練的方式及內容。

對於膝蓋沒有不適的人來說，不管有無從事任何運動，肌力訓練也幫助你「預防勝於治療」，當未來有計畫從事其他活動（如爬山、跑步或球類運動），或者進行更高強度的活動時，它能減少受傷的發生。

本章要介紹的下肢肌力訓練動作，分成「膝主導動作模式（或稱蹲為主的動作模式）」及「髖主導動作模式（或稱硬舉為主的動作模式）」，這兩類的動作都會涉及到「髖關節」及「膝關節」。與髖主導動作模式相比，在膝主導動作模式下，膝關節活動範圍會比較大，所以會鍛練到更多膝蓋周圍的肌肉群（如股四頭肌）；而髖主導動作模式，髖關節的活動角度比較大，主要在發展髖關節周圍的肌肉群（如臀部）。

每種動作模式中，有不同的動作，該如何選擇呢？這時就需要談到何謂「功能性」肌力。功能性就是「目的」，看你需要的功能是什麼，選擇符合該功能的動作來進行訓練，這種訓練動作稱為「功能性動作」，而訓練出來的肌力稱為「功能性肌力」。

在現實生活或運動場上，絕大多數的情況，都是左右腳交替在運行，也就是在一個時間點上只會有單腳在執行動作，像是走路、上下樓梯、爬山、跑步、衝刺、球類運動場上的煞車、轉換方向、跨步擊球等，所以在動作的選擇上，「單腳」的動作是更符合功能的，像是單腳蹲及單腳硬舉。

然而，對於一般人甚至是運動員來說，一開始就接觸單腳動作實在強人所難，所以在動作的安排上，膝主導動作會先從「分腿蹲」開始；而髖主導動作會從「硬舉」開始，隨著動作控制能力及肌力的進步，再慢慢進階到更符合單腳的動作。

膝主導動作模式

一般人常聽到的「深蹲」或「背蹲舉」就屬於膝主導的動作模式，但因為這些動作是在雙腳處於平行步伐下進行訓練，所以它較不符合上述所需要的「功能」，不是我的首選動作。為了符合單腳訓練的原則，在實務上，膝主導的動作安排都是由「分腿蹲」開始，然後再漸進到「後腳抬高蹲」或「單腳蹲」。

在我的工作室有貼了一段話：「分腿強壯，膝痛退散」，只要透過分腿蹲將膝蓋周圍肌群練得夠強壯，膝蓋疼痛或受傷的機率就會降低。以下是徒手分腿蹲的動作說明：

分腿蹲

步驟 1：先找出前後腳的距離。預備姿勢是高跪姿，膝蓋下可以放一個軟墊來提供膝蓋緩衝。

然後右腳往前跨一步，讓前腳的小腿垂直地面，後腳的小腿與大腿呈 90 度。這個姿勢就是分腿蹲的「結束姿勢」（如圖 6.2）。

步驟 2：找到結束姿勢之後，雙手插腰，維持前後腳的距離，站起來。這個姿勢就是分腿蹲的「起始姿勢」（如圖 6.3）。

【圖 6.1 預備姿勢為高跪姿】

【圖 6.2 右腳往前跨，讓小腿垂直地面，後腳小腿與大腿呈 90 度】

在教學上，會遇到少數人不清楚怎麼用力，我會提示「想像要在地上壓出一個大腳印」或者「想像要把臀部往天花板提上來」。

【圖 6.3 維持前後腳距離站起】

步驟 3：上述兩個步驟，第一步是教「結束姿勢」，第二步是教如何回到「起始姿勢」，而在進行訓練時，就是從「起始姿勢」到「結束姿勢」，然後再回到「起始姿勢」，這樣算 1 次反覆次數。原則上，膝蓋點到軟墊才算 1 次，目的在確保每次動作的「活動範圍」都是一致的。

在教學上，我會一邊提示，一邊示範「身體像電梯一樣，讓軀幹是直上直下，不要像手扶梯一樣，讓膝蓋往前移動（如圖 6.5）」：

【圖 6.4 回到起始姿勢算 1 次】

【圖 6.5 錯誤示範：過程中讓膝蓋往前移動】

呼吸的部分，動作下蹲時以鼻子吸氣，站起時以嘴巴吐氣。吐氣有一個重點，不是長吐氣「呼～～～」，而是想像「嘴巴含一根吸管」，短而快速地吐出「噓」的聲音，這樣的呼吸方式同樣適用在本章接下來的其他訓練動作中。

步驟 4：做完一側指定的反覆次數，再換邊進行。

假如徒手分腿蹲已經掌握得當，可以再逐步進階到「啞鈴酒杯式分腿蹲」以及「雙手側邊持負重的分腿蹲」，負重方式將會在 p.111「負重的方式」進一步說明。

【圖 6.6 換邊進行】

啞鈴酒杯式分腿蹲

雙手持負重分腿蹲

【圖 6.7 「啞鈴酒杯式分腿蹲」以及「雙手側邊持負重的分腿蹲」】

在教學上，會遇到以下的狀況：

1. **站起時，誤認為後腳腳跟要踩在地上**，如圖 6.8 左，導致身體重心往後移，此時我會提示學員「踮腳尖」，如圖 6.8 右。

【圖 6.8 站起時後腳腳跟不必踩到地上】

2. 後腳腳尖朝外，導致在進行動作時，腳踝會不舒服。此時只要提醒學員「後腳腳掌朝前」或者是「後腳的第二根腳趾朝前」。

【圖 6.9 錯誤示範：後腳腳尖朝外】

3. 在進行動作時，後腳腳踝或大姆趾感到不適，因為平常我們很少以這樣的姿勢來承擔身體重量，身體在不習慣的情況下，會發出訊號讓你知道。遇到這種情況，當下馬上停止動作，不要繼續做下去。解決方式有幾種：

- 減少操作的反覆次數

以我的教學經驗來說，通常做到某個反覆次數時才會出現不適，比方說，希望學員進行 10 次，但學員操作到第 7 次時開始出現不適，這時就停止動作，下一組或下一次的訓練時，反覆次數就先設定在 7 次。若你有規律在訓練，以「用進廢退」的概念，不適感會慢慢往後延，比方說，做到第 9 次才出現不適，而到最後身體適應了，就可以在無痛的情況下完成指定的反覆次數。

- 減少下蹲的深度

在不減少反覆次數的情況下，可以增加軟墊的個數來減少學員下蹲的深度，下蹲深度減少，通常不適就會減少。

【圖 6.10 增加軟墊個數以減少下蹲深度】

- 在熱身時增加足底的放鬆及踝關節的伸展

  針對足底放鬆，除了可以依照「滾筒按摩術」章節中介紹的「足底按壓」方式外，我會在第五章講解過的髖關節活動操之前加入我最愛的動作「跪坐姿勢」，維持 30 秒的時間。在《運動傷害完全復健指南》（*Bridging the Gap from Rehab to Performance*）一書上有提到跪坐姿勢：

在這個姿勢下，人們會以雙膝支撐、腳掌彎曲，因此呈現第一蹠趾關節最大的背屈角度、最多的踝關節背屈、最大的膝關節屈曲，以及完全的屈髖角度。

他們背打直坐著，這需要至少可以維持中立位置而不駝背的腰椎穩定度及胸椎活動度。這完全不是一個可以放鬆的姿勢！許多你的運動員可能會因髖、膝、踝或足部的問題而無法做到這姿勢。

【圖 6.11 跪坐姿勢】

我們的關節會隨著時間流逝慢慢失去活動度；我們因為沒有使用完整的關節活動度，讓關節的功能性降低，使關節退化變得僵硬。疼痛隨之而來，進而限制更多的活動度。

在操作這動作時，不見得每個人臀部都可以坐到腳跟上，若坐不到也沒關係，但前提是不要產生「不適」。以個人經驗為例，我是臀部坐不到腳跟的，而且早期在進行這動作時，右腳膝蓋會明顯不適。我的調整方式是在臀部及腳跟之間放個「梯形助展軟墊」，在無痛的情況下，慢慢增加膝蓋伸展的角度。

怎麼做呢？墊子愈靠近膝蓋，對於膝蓋周圍的伸展就愈小（如圖 6.12 左）。愈靠近腳跟，對膝蓋周圍的伸展就愈大（如圖 6.12 右）。所以一開始，你可以將墊子靠近膝蓋一點，而隨著你規律進行跪坐的姿勢，你會發現，墊子慢慢可以往腳跟方向移動，在沒有不適的情況下，膝蓋伸展的角度可以愈來愈大。

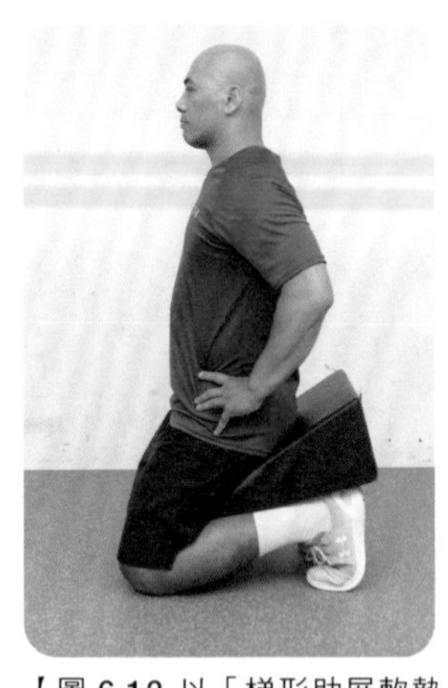
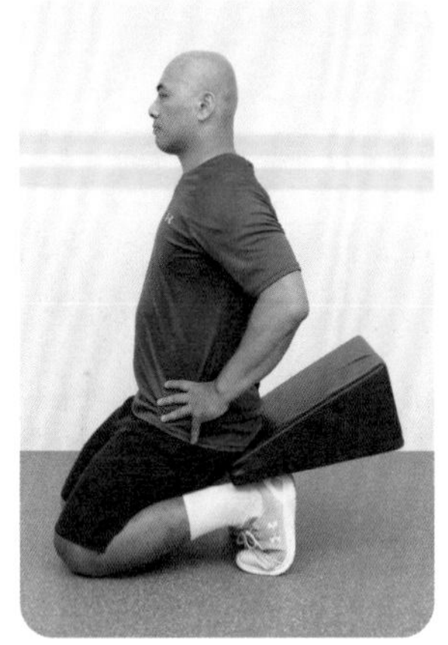

【圖 6.12 以「梯形助展軟墊」輔助】

當初是因為《麥克波羅伊功能性訓練聖經》作者介紹他對於這個動作的想法：「我對於柔軟度的改善感到驚訝，我的膝蓋疼痛也消失了。」

【圖 6.13 以瑜伽墊代替梯形軟墊】

起初我對於他的想法是「半信半疑」，後來長期規律地進行下來，右腳膝蓋的不適確實大幅改善，有辦法在沒有墊子的輔助下進行跪坐姿勢。

在進行這動作時，對於少數人來說，初期第一蹠趾關節的不適可能會比較強烈，沒辦法在這個姿勢坐太久。這時，請你一旦有不適就「立即」停止動作。這種不適的情況會隨著你的練習慢慢減緩，甚至是消失，這需要「耐心」，不要急。

若沒有「梯形助展軟墊」也沒關係，可以用捲起的瑜伽墊替代。

4. 沒有辦法控制動作

對於下肢肌力比較不足的人來說，會面臨「站不起來」的狀況，或者沒辦法一次連續完成 8 次的反覆次數，我會選擇讓他先進行「啞鈴酒杯式深蹲」來發展基礎肌力及身體前側的核心肌力，當基礎肌力慢慢提升之後，比方說，至少可以捧 30% 體重的啞鈴進行深蹲 10 次，再回來進行分腿蹲。

啞鈴酒杯蹲

【圖 6.14 找到坐下時讓大腿骨平行地面的椅子】

關於啞鈴酒杯蹲，以下是我的教學步驟：

步驟 1：找一個高度適合且牢固的椅子坐在上面，大腿骨平行地面。若無法找到這麼合適的椅子，可以利用軟墊或瑜伽磚來調整高度，大腿骨盡量平行地面，不要差太多。

步驟 2：選擇重量適中的啞鈴（若不了解要拿多重，可以從最輕的開始，如 5 公斤），將其一端捧在雙手手掌，另一端自然垂放，並調整手掌的位置在胸口前，啞鈴可以靠著身體（如圖 6.15）。

步驟 3：身體背對椅子，讓腳跟碰到椅子。身體站直，雙腳與肩同寬，腳掌略為往外轉 5 ～ 10 度，臀部「向後向下」坐，當臀部碰到椅子之後站起來，這樣算 1 次（如圖 6.16）。呼吸的部分，下去時鼻子吸氣，上來時嘴巴吐氣，跟分腿蹲的呼吸方式一樣。

【圖 6.15 將啞鈴捧於胸前】

【圖 6.16 啞鈴酒杯蹲】

在教學上，會遇到以下不適或錯誤狀況：

1. 髖關節周圍卡卡或緊緊的

在描述預備動作時，我有說「雙腳與肩同寬」，但這是一個參考距離，不是「標準」距離。畢竟，每個人髖關節結構不同，後天的生活型態也不同，「適合」的距離會不一樣，所以可以根據自己的感覺來調整寬度，寬一點或窄一點，原則上找到身體「舒服」的寬度比較重要。

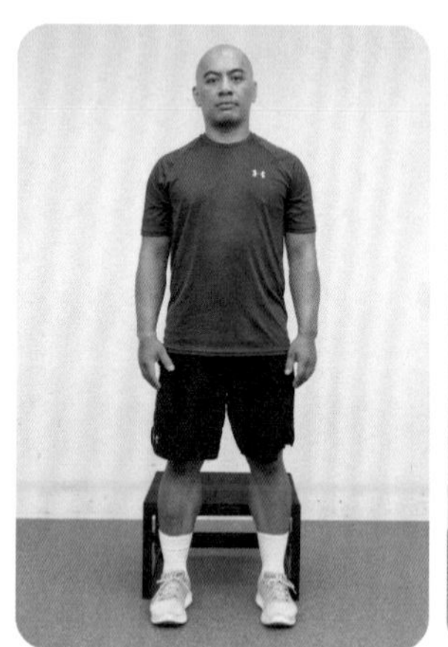

【圖 6.17 可以找到自己最舒服的雙腳寬度】

2. 腳掌必須打很開才蹲得下去

教學經驗上，有的人因為腳踝活動度受到限制，為了可以蹲得更低，會刻意將腳掌往外轉得更多，比方說 30 度或 45 度。因為腳踝活動度受限的人，腳掌愈向外打開，身體可以蹲得愈下去；腳掌愈朝向前面，身體向下蹲的深度就會減少。

【圖 6.18 透過打開腳掌增加下蹲深度】

這並沒有對或錯，但我不偏好這種做法，我會選擇讓腳跟墊高來克服這個「狀況」，像是可以讓腳跟踩在槓片、木條或斜板上。墊高的高度因人而異，跟學員的身材比例及腳踝活動度有關，有的人踩在 2.5 公分的墊子上，就可以減少上半身前傾的情況，而有的人則要踩在 5 公分以上的墊子才能改善。

【圖 6.19 透過墊高腳跟改善無法下蹲的狀況】

3. 下巴抬起

有健身經驗的學員更容易出現這問題，習慣邊進行動作邊看鏡子，所以下巴就會抬起來，導致頸椎跟脊椎沒有維持一直線，讓脊椎壓力分配不均，增加局部部位的受傷風險。

【圖 6.20 錯誤示範：下巴抬起】

【圖 6.21 在斜前方地上放置物體來改善】

此時，我會提示：「收下巴」或「創造雙下巴」，或者直接在斜前方的地上放置一個「物體」，如角椎，讓他在進行動作時一直注視著物體（如圖 6.21）。

【圖 6.22 錯誤示範：上半身不必垂直地面，而是讓上半身自然前傾】

4. 上半身直挺挺

不少民眾會誤解在進行動作時「上半身要垂直地面」，所以在進行動作時，身體又為了往下蹲，反而透過彎曲膝蓋來進行動作，導致膝蓋前側的壓力大幅增加。

此時，我會提示：「臀部向後時，上半身自然前傾」，同時讓他放慢動作進行，讓他了解上半身前傾是「自然」的，不是「錯誤」，和分腿蹲時不同。

【圖 6.23 錯誤示範：手肘刻意緊貼身側，導致肩膀前凸】

5. 肩膀前側緊繃或不適

在捧啞鈴時，有的人手肘會「刻意」緊貼身體側邊，導致肩膀往前凸，使得肩膀前側變得緊繃，甚至不適。

這時候我會建議右手手肘朝向 2 點鐘方向，左手手肘朝向 10 點鐘方向，與身體各距離一個拳頭的寬度，這樣調整後，你會發現肩膀前凸的情況有所改善，不適感也下降了。

【圖 6.24 讓手肘距離身體 1 個拳頭的寬度】

6. 學員完全坐回椅子上

椅子的目的有兩個，第一是控制下蹲時的深度，讓大腿骨平行地面；第二是減少學員「害怕」往後坐的恐懼，但這並不代表每次深蹲都要坐回椅子上。

的確有坐回椅子上再站起來的深蹲方式，但這並不是本書要教的操作方式，本書教的方式是，在不改變上半身前傾的角度下，臀部點到椅子之後就站起來。

【圖 6.25 錯誤示範：每次深蹲都坐回椅子上】

7. 使用滾筒取代牢固的椅子

有學員會說，他們找不到適合的椅子，所以用滾筒來取代，這時要特別考慮到「安全性」。你在進行酒杯蹲向後向下坐的過程中，若整個人坐在滾筒上或失去控制時，人會連同啞鈴往後倒，可能導致受傷。所以我會建議找「牢固」的椅子或物體，即使你往後坐下去，也不會有往後跌的情況發生。

【圖 6.26 錯誤示範：用滾筒取代牢固的椅子】

在經過一定程度的酒杯蹲後，何時要回到分腿蹲呢？對初學者來說，一般情況下，我會安排 3 組 8 次（每組間隔至少休息 1 分鐘）。原則上，若規律訓練，我會在每次或每週訓練時增加 2.5 公斤（因為工作室的啞鈴，重量增加的級距是 2.5 公斤），直到他的重量沒辦法再進步為止，或者已經沒有更重的啞鈴，就可以回到分腿蹲的動作。

關於「重量沒辦法再進步」，主要是受限在上半身及核心的穩定，有的人會「捧不住」重量，或沒辦法「捧太久」；而有的人會「手掌不適」。

以我的經驗，通常男性學員有辦法以「50% 體重」的啞鈴進行 10 次，就算達到標準了。比方說，若是 80 公斤的男性，有辦法至少捧 40 公斤的啞鈴進行 10 次；而女性上肢的肌力通常不如男性，能以「30% 體重」的啞鈴進行 10 次就可以了。

在教學上，我經常被問到「啞鈴要拿多重？」，其實解答就是「嘗試法」，一開始先拿 2.5 公斤來進行動作，若覺得太輕鬆，下一組或下一次訓練時，就再增加重量，直到你覺得「有挑戰性」，但並非做完次數剛好力竭。

問題又來了，什麼叫做「有挑戰性」？舉例來說，若要進行 10 次動作，你選擇的重量是指讓你能夠進行「12 ～ 13 次」的，達到目標次數後還有 2 ～ 3 次的空間，而不是毫無保留，這是所謂「保留次數」的觀念，我會在第八章補充說明。

後腳抬高蹲

分腿蹲的進階動作，稱為「後腳抬高蹲」。後腳抬高的「目的」在於讓更多的負荷移往「前腳」，更接近單腳動作的用力方式。理論上，在進行分腿蹲時，可能前後腳各占整體負荷的 50%，而後腳抬高蹲的話，前腳的比例會拉高，可能前腳占整體負荷的 70%，後腳占整體負荷的 30%，這只是一個概念，不一定是如此精準。若再進一步到單腳蹲時，單腳就占整體負荷的 100%。

【圖 6.27 後腳抬高蹲】

這個動作有專屬的器材，稱為「後腳抬高蹲架」，由於架上的長型泡棉是會轉動的，所以會讓你進行動作時比較舒服而且流暢。

【圖 6.28 後腳抬高蹲架】

沒有後腳抬高蹲架，也是可以改用臥推椅或矮的椅子來代替，但實務經驗上，由於無法調整高度，再加上支點無法跟著腳掌來轉動，所以舒適度沒有這麼好，也會影響到動作的流暢度及整體的強度。

【圖 6.29 後腳抬高蹲架】

若你規律且扎實地訓練分腿蹲的肌力，進行後腳抬高蹲時，應該很快就能適應。**以下是後腳抬高蹲的動作說明：**

步驟 1：將後腳抬高蹲架的泡棉頂端高度調到接近與膝蓋同高（如圖 6.30）。

步驟 2：以訓練右腳為例，我們必須先找出腳的前後距離。預備姿勢是「跪坐姿勢」，讓腳跟在長形泡棉的正下方（如圖 6.31）。

【圖 6.30 後腳抬高蹲預備位置】

【圖 6.31 以跪坐姿讓腳跟在長形泡棉的正下方】

將左腳腳背放到長形泡棉上，在放的過程中，身體會不穩定，這時雙手可以支撐在地上（如圖 6.32）。

接著，右腳踩在地上，右腳的小腿骨垂直地面。這個姿勢就是你在進行後腳抬高蹲時，蹲到底的結束位置（如圖 6.33）。

【圖 6.32 將左腳腳背放到泡棉上】

【圖 6.33 讓右腳踩地，小腿垂直地面】

切記，上半身會自然前傾（如圖 6.34 左），軀幹與後腳的大腿骨呈一直線，而不是垂直地面（如圖 6.34 右）。

【圖 6.34 上半身自然前傾，而非垂直地面】

找到結束姿勢時，可以在「前腳腳尖」的位置做一個標記，讓你知道接下來負重進行動作時，前腳要放在什麼地方（如圖 6.35）。

在操作時，我習慣在後腳的膝蓋下方放一個軟墊，讓膝蓋有緩衝，同時確保每一次反覆次數的活動範圍是一致的。

【圖 6.35 量好位置後，在前腳腳尖做標記】

步驟 4：換邊進行。

【圖 6.36 雙手持負重開始進行動作】

在進行後腳抬高蹲時，由於在分腿蹲階段已經發展出穩定的動作模式，所以到這個動作時，不太需要給什麼指導語，但由於會比較不穩定，通常需要一點時間去適應。

單腳蹲

在《麥克波羅伊功能性訓練聖經》中提到，單腳蹲是最具「功能性」的動作，是真正的「單腳」（或稱「單邊」）動作。有的人從分腿蹲漸進到單腳蹲十分順利，但有的人會突然面臨「使不上力」的狀況，明明分腿蹲的負荷可以做得很重，但到了單腳蹲力量就是出不來。

這是因為比起分腿蹲，單腳蹲更要求下肢的穩定性，或者是說「側線的穩定性」，若這部分的能力比較不足，在不穩定的情況下，原有的下肢力量就無法發揮了。

這同時也告訴我們一件事情：「肌力是習來的技術」，分腿蹲跟單腳蹲雖然都是膝主導動作模式，但畢竟還是不一樣的動作型態，一個可以說是「類單腳」，一個是「真正的單腳」，你必須真正去練單腳動作，肌力才會發展起來。同樣道理，若你想從事跑步、越野跑、負重登山等活動，也需要循序漸進地安排活動的強度，才有辦法安全不受傷地發展出該項運動所需要的肌力，並不會因為你肌力訓練可以做得很重，這些活動就能做得好。

單腳蹲的步驟說明如下：

步驟 1：找一個高度適合的牢固椅子，如臥推椅，你坐在上面，大腿骨平行地面。若找到的椅子太高，可以在腳下放槓片；椅子太低，則可以利用軟墊或瑜伽磚來調整高度。

【圖 6.37 找到高度適合的牢固椅子】

步驟 2：雙手各持 1 個 2.5 公斤的輕啞鈴，身體背對椅子，讓小腿靠著椅子。身體站直，左腳離地。

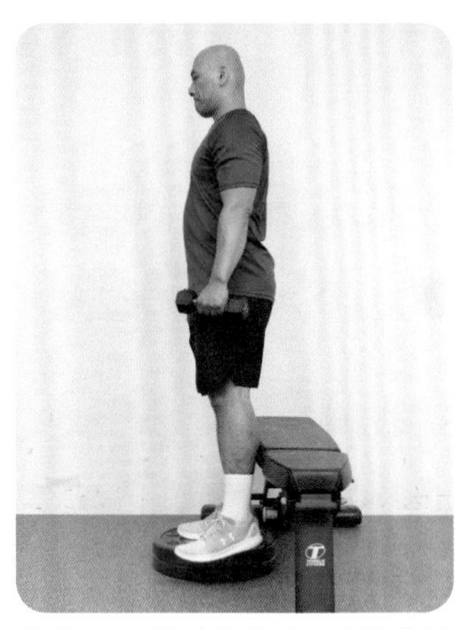

【圖 6.38 雙手持啞鈴，小腿靠椅子，左腳離地】

步驟 3：當臀部「向後向下坐」的同時，雙手順勢往前平舉；當臀部碰到椅子之後，立即站起來，同時雙手回到身體兩邊，這樣算 1 次反覆次數。呼吸的部分，下去時以鼻子吸氣，上來時以嘴巴吐氣。

步驟 4：右腳進行完指定的反覆次數之後，再換邊進行。

在教學上，會遇到以下狀況：

【圖 6.39 向後向下坐，雙手順勢往前平舉，到臀部碰椅後站起】

1. 拱腰

主要是因為在進行動作時，為了不要讓「懸空」的腳碰觸到地面，身體蹲得愈低，腳就要抬得愈高，這很容易出現「拱腰」的情況（如圖 6.40）。解決方式有幾種：

第一，改成單腳站在椅子上進行單腳蹲（如圖 6.41）。

【圖 6.40 錯誤示範：拱腰】

【圖 6.41 單腳站在椅子上單腳蹲】

第二，準備一高一低的椅子，這是我最愛使用的方式，因為「懸空」的腳可以放鬆，而且高的椅子不僅可以控制下蹲的距離（每一次反覆次數的活動範圍都一致），你往後坐時，還能有一個明確的「目標物」，會帶給你安全感。

【圖 6.42 準備一高一低的椅子進行單腳蹲】

2. 動作缺乏控制

在進行單腳蹲時，通常第一次甚至第二次是最難的，因為身體在不穩定情況下找尋發力的「節奏」，進行第三次之後，動作就會愈來愈順暢穩定。但若你發現動作控制愈來愈糟時，當下立即停止動作。比方說，第一次不穩，第二次更不穩，第三次更糟，建議就不要再進行下去了。

遇到這狀況，有兩種解決方式可以選擇：

第一，漸進活動範圍。一開始先不要蹲到「大腿骨平行地面」的深度，可以藉由軟墊或其他有厚度的物體來調整高度。

【圖 6.43 透過軟墊等物品調整高度】

調整出來的高度至少可以讓你進行 3 組 8 次，若有規律訓練，原則上，每週每組可以增加 1 ～ 2 次，直到可以一組進行 12 次後，再降低軟墊的高度，而反覆次數再回到 8 次；同樣每週每組增加 1 ～ 2 次，直到 12 次，再降低軟墊高度，以這樣的方式直到能蹲到「大腿骨平行地面」的深度。

第二，踩網球。讓原本懸空的腳改踩在網球上，網球與身體間隔一個腳掌的距離。

網球的目的在於提供操作者一個「穩定」，但由於網球不穩定，再加上放在身體前方，進行動作時無法仰賴這隻腳來用力，你還是需要專注在原本非懸空的腳上。

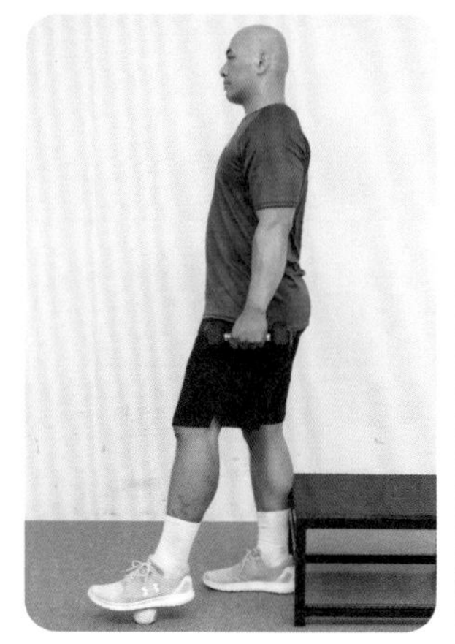

【圖 6.44 踩網球以提供穩定度】

踩網球後，看你當下可以反覆進行幾次，原則上，每週每組可以增加 1 ～ 2 次，直到 12 次之後，就可以將網球拿掉，再重新進行單腳蹲。你不見得可以一直完成 8 次，但至少可以比較穩定地完成動作。

踩網球單腳蹲

漸進強度的基本原則

原則上是「交替漸進增加反覆次數與重量」。

給初學者的動作安排會先從 3 組 8 次開始（中間至少休息 1 分鐘），若規律訓練，每週每組可以增加 1 ～ 2 次反覆次數，達到 3 組 12 次，就可以「增加重量」。

重量增加後，讓反覆次數回到 8 次，再漸進增加反覆次數，達到 12 次時，再增加重量，如此循環，這是我給學員安排課表的基本原則。當然懂了原則之後，就能依照自己的經驗來「打破」或「調整」。

舉例來說，初學者一開始從徒手的分腿蹲開始，進行 3 組 8 次，通常進步很快，每週可以增加 2 次的反覆次數；例如第一週 3 組 8 次，第二週 3 組 10 次，第三週 3 組 12 次，到了第四週就可以考慮增加負重。不過增加負重後，至少還要能進行 8 次的反覆次數，若無法達到，表示太重了，要降低負重的重量。

在操作時，動作的漸進原則如下，只有分腿蹲會從「徒手」開始，其他動作如後腳抬高蹲及單腳蹲，都不會再從徒手開始了。

1. 徒手分腿蹲
2. 啞鈴酒杯式分腿蹲
3. 雙手側邊持負重的分腿蹲
4. 雙手側邊持負重的後腳抬高蹲
5. 雙手往前平舉的單腳蹲

當一個動作無法再進步，也就是說，反覆次數及重量都沒辦法再增加，或者現有的重量不夠你用時，就可以考慮進階到下一個動作。如從雙手側邊持負重的分腿蹲進到雙手側邊持負重的後腳抬高蹲、從雙手側邊持負重的後腳抬高蹲進到雙手往前平舉的單腳蹲，或者直接從雙手側邊持負重的分腿蹲進到雙手往前平舉的單腳蹲。

原則上，沒有經驗的話，盡量照著 1 依序進階到 5，逐漸發展單腳蹲所需要的肌力及穩定性，這能讓你最終操作單腳蹲時，面臨到的問題較少；而對於有經驗或肌力較好的人，可以從 2 或 3 跳到 5，這是沒有問題的。

而負重的方式在以下進行說明。

◎負重的方式

我們訓練中心最常使用的負重工具是啞鈴，而負重的方式最常見的是「酒杯式」及「雙手側邊負重式」，分別在以下做說明：

酒杯式

前面說過，分腿蹲是我的「首選」動作，當你已經可以掌握徒手分腿蹲時，就可以「啞鈴酒杯式」來進行負重，進行「啞鈴酒杯式分腿蹲」，除了發展下肢肌力外，也能發展身體前側的「核心穩定肌力」及強化「動作模式」，這對於你之後挑戰更大重量時，有很大的助益。

一旦重量無法再進步，或者沒有足夠重的重量，就可以改為「雙手側邊負重式」的分腿蹲。

男性學員通常「至少」可以做到 50% 體重的啞鈴，每邊各進行 10 次，而女性學員至少可以做到 30% 體重的啞鈴，當然也有女性學員可以做超過 50% 體重的啞鈴。

【圖 6.45 酒杯式負重】

酒杯式的負重方式，較常用在深蹲及分腿蹲上，也能用於後腳抬高蹲，但較少用於單腳蹲上，因為挑戰性較高。

雙手側邊負重式

一旦進到雙手側邊負重式，可以負荷的重量會明顯增加，比方說，若是進行 10 次，酒杯式負重可能最多 50% 體重，但當你換成左右手各持負重時，可能會來到 1 倍體重或以上。

【圖 6.46 雙手側邊負重式】

【圖 6.47 穿負重背心增加負荷】

有的人手握不住啞鈴，這時我會以穿「負重背心」的方式來增加整體的負荷。

雙手側邊負重式，常用於分腿蹲及後腳抬高蹲。

【圖 6.48 雙手往前平舉式負重】

雙手往前平舉式

這種負重方式最常用於「單腳蹲」，雙手往前平舉，由於身體前側有重量，所以在進行動作時，更容易讓你往後坐，對於單腳蹲的動作來說，是非常好的方式。

其他負重方式

除了啞鈴，你也可以使用壺鈴來代替（如圖 6.49）。

【圖 6.49 以壺鈴負重】

負重位置除了酒杯式及雙手側邊負重式外，還有其他選擇，像是「揹槓鈴」的分腿蹲（如圖 6.50），可以根據你熟悉的負重位置來操作。

【圖 6.50 揹槓鈴負重】

還有一項值得投資的器材是「負重背心」，它穿在身上，重量可以平均分散，又不受握力限制，對於負重爬山、越野跑（有帶裝備）的族群來說，肌力訓練時身穿負重背心，也會更貼近你運動的感覺；此外，它不僅能應用在下肢動作上，也能使用在棒式、伏地挺身、引體向上等訓練動作上。有計畫進行長期訓練的人，可以考慮這項器材。

◎代謝性酸中毒

有一點要特別提醒：當開始負重進行分腿蹲時，建議一邊進行完之後，**休息至少 30 秒～ 1 分鐘**，四處走動一下，同時調整呼吸，休息完之後，再進行另外一邊；目的在於避免所謂的「代謝性酸中毒」，它的症狀有冒冷汗、頭暈、噁心、無力、想吐、嘴唇發白等。這個狀況較容易出現在代謝能力欠佳的族群，像是沒有運動習慣的人，鮮少進行高反覆次數的族群也會出現這症狀。

冒冷汗是代謝性酸中毒很重要的前兆，在運動時，因為消耗能量會使體溫升高，由於人類是恆溫動物，因此會透過流汗來調節體溫，這些汗都是有「溫度」的。但若出現代謝性酸中毒，這會伴隨「皮膚失能」，造成血管收縮，流動到血管的血液變少，體表溫度下降，汗腺會被刺激導致分泌而冒出「冷汗」。

這個症狀的發生過程可能是這樣：當你負重進行分腿蹲，設定每邊進行 12 次，先以左前右後的分腿姿勢進行，不休息緊接著換邊進行，做到某個次數時，你開始冒冷汗、突然覺得「無力」、站不起來或「頭暈」，這就是**代謝性酸中毒的現象**。這現象你可能成長過程中也看過，學生或運動員在操場被操到吐，就是這個現象。

若在肌力訓練時真的遇到這個情況怎麼辦？因為會頭暈，建議先扶著旁邊的固定物體（蹲舉架、啞鈴架等）、牆面或夥伴，然後慢慢坐下來或躺下來，專注在調整呼吸上，不要做任何事情，不適的症狀就會慢慢消失，力量會恢復，嘴唇會逐漸恢復血色。

髖主導動作模式

一般人常聽到的「硬舉」或「臀推」就屬於髖主導的動作模式，由於單腳的髖主導動作難度太高，或者說「學習曲線」較長，需要花比較長的時間學習，所以實務上，我會先由雙腳的硬舉開始，再進階到單腳的硬舉。

◎脊椎中立的觀念

【圖 6.51 脊椎中立】

對完全沒接觸過硬舉或沒有運動經驗的族群來說，安全起見，需要先認識「脊椎中立」，也就是讓頸椎與脊椎呈一直線（如圖 6.51）。脊椎中立下進行動作，尤其是負重，椎間盤可以平均分散壓力。

若在不中立的位置進行動作，尤其是拱下背（如圖 6.52），椎間盤受力不均，容易導致椎間盤及下背受傷。

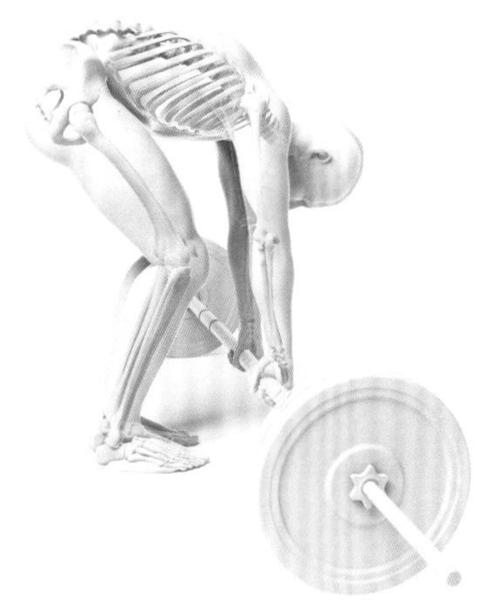
【圖 6.52 拱背】

在教學上，可以搭配 PVC 管（長度至少是 120 公分），讓管子放在身後，同時與「後腦勺」、「上背」及「尾椎」貼在一起，所謂的「三點共線」，讓學員了解什麼是脊椎中立。若沒有 PVC 管，也可以用「拖把桿」。

在使用 PVC 管的情況下，進行以下動作：

步驟 1：預備姿勢，身體站直，膝蓋微彎，雙腳與肩同寬，同時確定脊椎中立。

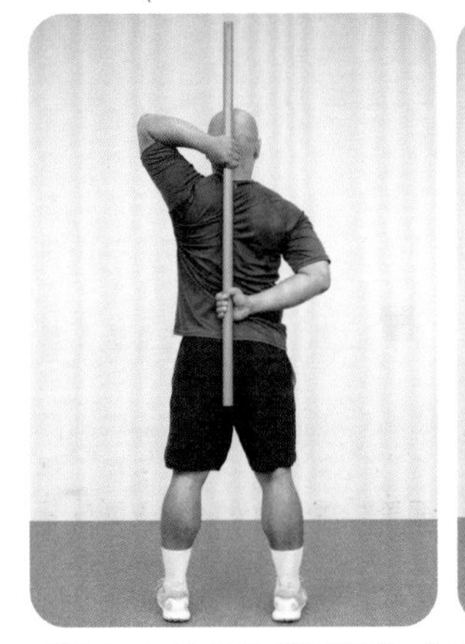
【圖 6.53 以 PVC 管了解脊椎中立】

【圖 6.54 預備姿勢】

步驟 2：臀部向後推，可以想像「後面有一道牆，臀部往後去碰牆」，這時你會覺得臀部、大腿後側甚至是小腿後側有伸展的感覺，這是正常的。

對初學者來說，由於要建立動作的「感覺」及軌跡，在進行動作時請盡量放慢速度，而不是草草進行。

步驟 3：當臀部無法再往後推時，就回到步驟 1 的預備姿勢，這樣算是 1 次反覆次數。

【圖 6.55 臀部向後推】

這個動作的目的在於透過 PVC 管來協助你察覺脊椎的排列，一旦脊椎未呈一直線，如拱下背，原本 PVC 管三點接觸身體就會剩下兩點（如圖 6.56），你便可以即時察覺脊椎的位置，立即做出調整。如果沒有 PVC 管做為「參考點」，沒辦法得知動作是否正確，也不知道要調整到什麼程度。

在教學上，我會安排 1 組 5 次，然後進行 3 ～ 4 組，組間休息 1 分鐘，慢慢去建立初學者對於脊椎排列的印象。在操作時，如果動作控制可以維持一致性，不會一下子三點共線，一下子拱下背，就可以開始下一階段了。

【圖 6.56 脊椎未呈一直線，PVC 管未三點接觸】

◎壺鈴硬舉

壺鈴硬舉是我在教髖主導動作的「首選」，主要原因是它可以從「輕」的重量開始，像是 4 公斤，這有什麼好處呢？首要就是降低受傷風險。

在學習一個「新」動作時，即使從外觀上來看，動作的軌跡及姿勢是對的，也不一定是用對了肌肉，所以痠痛可能會出現在「非」預期的部位。透過持續練習，才能慢慢掌握到肌肉用力的要領及動作協調，讓「非」預期部位的肌肉痠痛慢慢消失。這不是只有在學習肌力動作上，任何一項運動都一樣。

有了以上的觀念，在教壺鈴硬舉時，我會選擇從「輕」的重量開始，讓操作者先去「感覺」動作軌跡及用力方式，而不急於去追求重量，進而減少「非」預期部位的痠痛（如下背），同時降低動作操作過程的受傷風險。

這很重要，必須再次強調：在學習動作的初期，姿勢一定會有缺陷，需要慢慢修正，不可能一開始就是「完美姿勢」；若一開始就選擇較重的重量，在不精準的姿勢下操作動作，受傷風險相對會提高。對初學者來說，重量會進步得很快，因此不急於一開始就追求重量；若一開始動作沒建立好，就急於追重量，最後反而會建立起不良的姿勢，等不適或受傷之後才回頭調整動作，反而費事。

【圖 6.57 壺鈴硬舉的錯誤姿勢】

以下是我的壺鈴硬舉教學方式：

步驟 1：讓壺鈴置於腳掌中間，壺鈴的握把對齊腳掌的一半，身體站直，雙腳與肩同寬（如圖 6.58）。

步驟 2：臀部盡可能往後推，然後雙手保持直臂去握壺鈴（如圖 6.59）；若手握不到壺鈴時，可以藉彎曲膝蓋來讓手去握壺鈴。

【圖 6.58 壺鈴硬舉預備姿勢】

【圖 6.59 臀部後推，雙手保持直臂握壺鈴】

步驟 3：握到壺鈴之後，將肘窩向前轉，想像要把壺鈴的握把折彎，這個姿勢就是「預備姿勢」（如圖 6.60）。

步驟 4：鼻子先吸氣，然後站起來，同時嘴巴吐氣，這就是「結束姿勢」。

【圖 6.60 將肘窩向前轉（左：沒轉肘窩／右：有轉肘窩）】

步驟 5：結束姿勢回到預備姿勢的方式，同樣是把臀部往後推，推到沒辦法再推之後，若壺鈴還沒有辦法回到地面，再彎曲膝蓋來降低身體。從預備姿勢到結束姿勢，再從結束姿勢回到預備姿勢，這樣算 1 次。

【圖 6.61 吸氣後站起同時吐氣】

在教學時，我是教彈震式硬舉，也就是當壺鈴有控制地點到地面後就起身。而呼吸的方式有一個記憶法：「輕鬆的時候鼻子吸氣，費力的時候嘴巴吐氣」，通常身體往下的時候比較輕鬆，進行吸氣，起身的時候是吐氣。對初學者來說，剛學習動作時，由於身體比較緊繃，動作也不熟悉，所以有的人不太能分辨什麼時候輕鬆、什麼時候費力，覺得都很費力，因此需要特別提醒，去建立他的呼吸模式。

在教學上，常出現以下狀況：

1. **預備姿勢出現拱腰**。這有三種不一樣的原因：

第一，單純忘記要脊椎中立，此時，我會提示「身體要長高」來修正這問題。

【圖 6.62 單純忘記脊椎中立，提示「身體要長高」來修正】

第二，對於髖關節屈曲活動度受限的人來說，容易透過彎腰來產生代償，就會出現「圓背」的情況。修正方式是用軟墊或瑜伽墊將壺鈴「墊高」，減少髖關節屈曲活動度的「需求」，就不會有彎腰的代償。

學員就先以這樣的高度來進行動作，隨著規律的訓練，髖關節屈曲的活動度會慢慢改善，再逐步減少軟墊的個數。

第三，身材比例也會影響動作的執行，像是大腿骨長而手臂較短的人，也有可能在進到預備姿勢的過程中出現圓背，這時要將壺鈴墊高，墊到適合學員的高度來進行，而不是從地面上開始。

【圖 6.63 因髖關節屈曲活動度受限而拱背，透過將壺鈴墊高來修正】

2. 用力瞬間會駝背，像釣到魚的釣竿一樣。解決方式是步驟 3 說明的「將肘窩向前轉，想像要把壺鈴的握把折彎」，目的是增加背部的張力，讓你進行動作時，減少脊椎不必要的壓力。

在力量訓練知識平台 Pheasyque 的 Instagram 上曾以圖示做了很好的說明（如圖 6.64）。若你沒有維持背部的張力，做硬舉就像在釣魚一樣。想像手上的壺鈴就是一條魚，背部（脊椎）就是你的釣竿，下肢就是握釣竿的人，當你嘗試用釣竿把魚拉起時，大部分的壓力落在釣竿上，而握釣竿的人是一個支撐點。當你釣的魚愈重，竿子彎曲程度就愈大，甚至會斷掉，而這正是做硬舉時，下背會疼痛的原因：你嘗試用背部來進行動作，而不是用下肢。

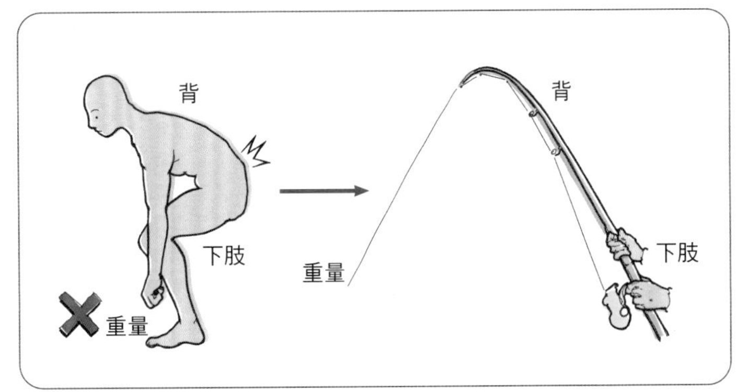

【圖 6.64 以釣魚比喻做硬舉】

若以對的方式來進行硬舉，做硬舉就像是一個滑輪系統，滑輪就是背部，拉繩子的人就是下肢（如圖 6.65）。滑輪是固定住的（也就是背部是保持中立而緊繃的），主要目的在於改變施力的方向及力量的傳遞，不會因為施力而變動位置，也就是說，背部在進行動作時，不會彎曲或伸展。

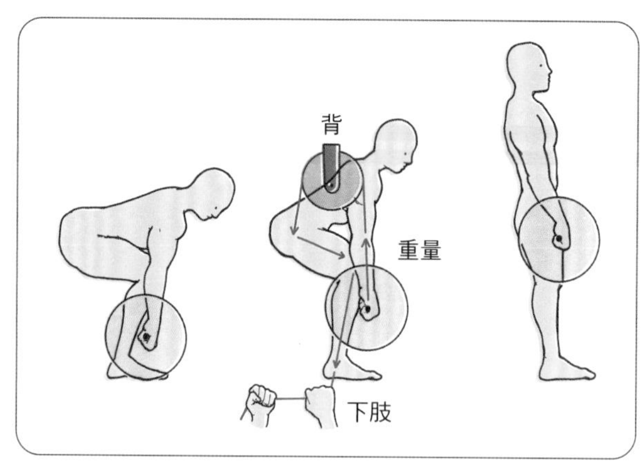

【圖 6.65 做硬舉就像是一個滑輪系統】

3. 下巴抬起。解決方式跟前面講酒杯蹲的狀況一樣，可以在學員斜前方的地面上放置一個「物體」，或者提示「創造雙下巴」。

【圖 6.66 錯誤示範：下巴抬起】

六角槓硬舉

【圖 6.27 六腳槓鈴】

六角槓比起壺鈴對於肩膀更為舒服，不像握壺鈴時，肩膀會內旋；此外，六角槓的重量位置更接近身體的質心，對於下背的壓力也會明顯減少，而六角槓的握把離地面更遠，有利於身體的發力，可以做得更重。原則上，學員壺鈴硬舉的重量能超過 28 公斤，進行 8 次的反覆次數，就能換到六角槓硬舉。

六角槓硬舉跟壺鈴硬舉的動作完全一樣，只是手握的位置不同，所以操作步驟可以參考壺鈴硬舉。

【圖 6.68 以六角槓鈴做硬舉】

原則上，對初學者來說，有規律訓練的話，以自身體重的重量進行 10 次是沒有問題的。比方說，體重 60 公斤的人，六角槓硬舉負重 60 公斤進行 10 次，當達到這個肌力水平時，可以繼續往更重的重量挑戰，或者漸進到更有功能性的單腳直膝硬舉。

◎單腳直膝硬舉

與單腳蹲相比，單腳直膝硬舉對一般民眾來說，學習曲線會更長，每週需要花更多的時間練習才能掌握要領，否則較難看到進步，所以通常要視學員的需求、能力及訓練頻率來考量是否進行這項動作。學習這項動作不見得會遇到挫折，因為可以根據能力來調整動作的難易度，但是需要時間。

以下是單腳直膝硬舉的教學方式，先從徒手開始：

徒手單腳直膝硬舉

步驟 1：預備姿勢，雙腳與肩同寬，膝蓋微彎，雙手自然垂放，讓身體的重量移到左腳上（如圖 6.69）。

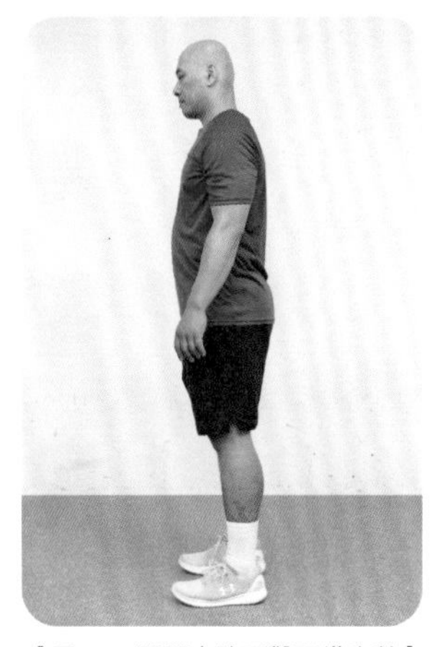
【圖 6.69 單腳直膝硬舉預備姿勢】

步驟 2：腳跟往身體後方延伸，同時雙手往前延伸，想像手要去碰前面的牆，腳跟要去踩後面的牆，身體盡可能呈現字母 T 的形狀（如圖 6.70），然後回到預備姿勢，這樣算 1 次。

步驟 3：左腳做完指定的反覆次數之後，換腳進行。

【圖 6.70 單腳直膝硬舉完成式】

【圖 6.71 換腳進行】

在教學上，有的人臀部往後推會不穩，可以調整成雙腳著地，臀部向後推，推到底之後，再讓腳跟往身體後方延伸，雙手往前延伸（如圖 6.72）。

【圖 6.72 改為臀部先向後推到底後，再讓腳跟與雙手前後延伸】

如果動作十分不順，可以將動作調整成「手交叉前伸」的版本，讓對側手臂交叉往前伸去碰目標物，目標物的高度大概跟操作者的膝蓋同高，可以拿椅子來當目標物，放在其支撐腳的前方，而位置是對準支撐腳的外側。

【圖 6.73 「手交叉前伸」版單腳直膝硬舉】

當對側手交叉前伸去碰目標物時，比方說，若左腳為支撐腳時，右手往左腳前方的外側去觸碰目標物，髖關節會產生內旋來增加穩定度，使動作更為流暢及穩定。

若做起來還是不順，將動作調整成「臥推椅輔助」的版本，將臥推椅調成傾斜的角度，手向前伸時，就順著臥推椅往斜下走，提供身體額外的穩定性。

【圖 6.74 「臥推椅輔助」版單腳直膝硬舉】

當動作變得愈來愈流暢及穩定時，可以回到「手交叉前伸」的版本，然後再回到「雙手往前延伸」的版本，再下一步就可以開始負重。

通常我是使用壺鈴當作負重的工具，在進行動作時，為了確保每一次的活動範圍是一致的，我習慣會在底部墊一個或數個軟墊來調整適合學員的深度。沒有軟墊的話，使用椅子或其他物體也是可以的。每當重量點到軟墊後回到立正位置時，才算一次。

一開始負重時，可以先試試看只有對側手持負重（如圖 6.75），當重量太重握不住或動作會跑掉時，就可以選擇雙手持負重的方式來進行（如圖 6.76）。

壺鈴負重
單腳直膝硬舉

【圖 6.75 「單手壺鈴負重」版單腳直膝硬舉】

【圖 6.76 「雙手壺鈴負重」版單腳直膝硬舉】

若沒有啞鈴或壺鈴等工具，也可以使用「彈力帶」來做為阻力。彈力帶的特性是，拉得愈長阻力愈高，在選購時，建議不要選擇太寬或太粗的彈力帶，以免阻力太高，讓你沒辦法進行單腳直膝硬舉。

使用彈力帶時，切記要固定在「牢固」的地方，而固定的高度對齊或低於膝蓋高度即可。

【圖 6.77 以彈力帶進行單腳直膝硬舉】

7

— Chapter —

核心訓練動作的選擇

為什麼要進行核心訓練呢？你可能有聽過這種說法：

跑步就會用到核心，所以跑步就會「練」到核心。
深蹲就會用到核心，所以深蹲就會「練」到核心。

既然任何型態的活動或訓練都會用到核心，用到不就等於練到，何必要「額外」訓練核心肌群呢？要說明這點，得先理解「動力鏈」的概念。何謂動力鏈呢？在《人體運動解剖全書》（*Trail Guide to Movement*）解釋如下：

運動模式中可預測的連續步驟稱為動力鏈，指的是「在一連串動作中經由肌肉及骨骼牽引的關節連續動作」……動力鏈包含了關節鏈、肌筋膜鏈以及神經鏈，這三套系統分工合作，完成人體各種運動。

例如：棒球選手透過這三套系統將力量從做為支點的腳傳到丟擲棒球的手，過程中統合了通過腳趾、下肢、臀部、核心、軀幹、上肢以及指間的力道、彈性與幅度，將球有力而精準地拋出。

動力鏈中不當或鬆弛的連結都會削弱力量的傳送，導致動作不協調。又例如：在誇張地抖開瑜伽墊時也包含了這三套系統，透過從肩胛到指骨間的骨骼及關節構成一連串的動作。

以跑步為例，當核心肌群鬆弛，力量傳遞就會被削弱，動作會扭來扭去，身體無法維持良好的排列，甚至出現代償模式，使跑步缺乏效率，跑起來十分費勁，甚而導致運動傷害。所以運動過程中有「用」到不代表有「練」到，虛弱的環節或核心肌群的能力並不會因為運動而提升，必須透過額外的訓練來加強。

而核心肌群有哪些呢？通常指的是腹直肌、腹內／外斜肌、腹橫肌等肌肉，但若廣義來看，橫隔膜、腰肌、豎脊肌，甚至是髖關節在進行動作時，都會扮演軀幹及髖關節的穩定角色，其實它們也可以稱作核心肌群。

核心肌群有兩大功能：第一，抵抗動作產生，比方說在進行棒式、側棒式、跑步、深蹲等動作時，軀幹及髖關節要穩定，讓頸椎與脊椎呈一直線，不要出現拱腰或凹腰的情況；第二，做為運動時負責在動力鍊中傳遞能量的角色。

選擇核心訓練動作時，我會問自己一個問題：「現實生活及運動競技場上，我們的人體是這樣在運作的嗎？」比方說，以仰臥起坐為例，我們的軀幹何時需要反覆進行彎曲呢？

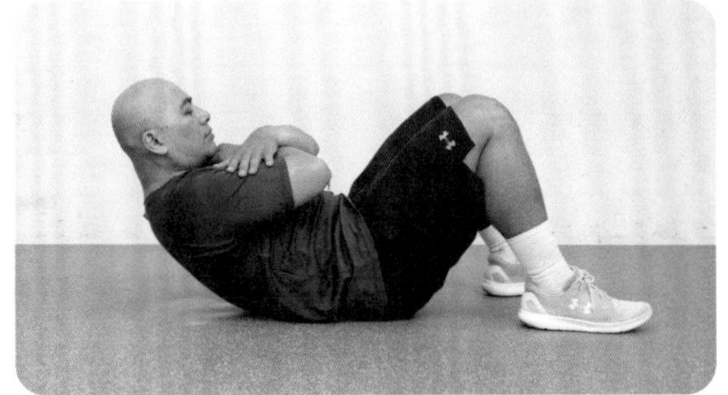

【圖 7.1 仰臥起坐】

或者，以「站姿側彎」為例，我們的軀幹何時需要反覆進行側彎呢？

若實際上身體並非這樣在運作，它就不會是我考慮的動作。

在教核心訓練動作時，我強調的重點是「臀部」，同時保持自然呼吸，而不會提示核心「用力」或核心「繃緊」。這個觀念是來自於美國知名的肌力與體能教練 Cal Dietz，他是美國明尼蘇達大學的

【圖 7.2 站姿側彎】

首席肌力教練，同時擔任美國國家女子冰球隊的首席肌力與體能教練，著有《三相訓練》（*Triphasic Training*，暫譯）等書。他說：「在進行動作時，專注在臀部上，核心自然會扮演好它的角色，但若刻意繃緊核心，核心並不是在正確地工作，而是以保護脊椎安全為優先，在此情況下，身體表現並不是最理想的。」

以經典的棒式動作為例，我不會提示核心繃緊，而是著重在臀部上，以下是我的教學步驟：

步驟 1：預備姿勢為四足跪姿。

步驟 2：雙腳往後伸直，腳跟往後踩，臀部收緊，想像臀部被冰水滴到的狀態。

步驟 3：保持自然呼吸。

維持呼吸是一個關鍵。有的人在進行核心訓練時會「閉氣」，甚至會做到臉紅脖子粗，但這是不好的現象，若沒辦法控制呼吸，代表你沒辦法控制動作，就失去核心訓練動作的目的了。

【圖 7.3 棒式預備姿勢：四足跪姿】

【圖 7.4 棒式】

單跪姿斜向畫線

關於核心訓練的動作，大多數人都熟悉棒式、側棒式等，但我最推薦的動作是「單跪姿斜向畫線」及它的變化動作。

【圖 7.5 單跪姿斜向畫線】

單跪姿（或者稱「分腿姿勢」）時一邊髖關節呈現屈曲，一邊髖關節呈現伸展。它有三個好處：第一，讓人比較容易找到脊椎中立的位置，尤其是久坐的族群；第二，髖關節一前一後的姿勢跟現實生活的動作（如走路、爬樓梯、跑步等）更為相似，訓練的牽移效果會比較好；第三，這個姿勢除了會增加核心骨盆的「抗旋轉」的挑戰外，也訓練到踝膝關節的橫向穩定。

以下是單跪姿斜向畫線的訓練步驟：

步驟 1：準備一個輕負荷的重量，像是啞鈴、壺鈴、小槓片等，以啞鈴為例，先握在手上。預備姿勢從高跪姿開始，然後右腳往前跨，讓前腳小腿與地面垂直，同時讓前腳掌與後腳小腿呈「一直線」，後腳掌要勾起來（如圖 7.6）。

【圖 7.6 單跪姿斜向畫線預備姿勢】

我在教學時會放一個橘色平衡墊，請學員在上面進行動作，很自然就會擺出前後腳呈「一直線」的姿勢。為什麼要呈「一直線」呢？因為這樣會讓底面積縮小，更要求下肢的穩定度。

【圖 7.7 單跪姿斜向畫線起始點】

步驟 2：臀部收緊，將握住負重的雙手移到左邊髖關節的旁邊，這是「斜向畫線」的起始點（如圖 7.7）。

步驟 3：將負重往右斜上方移動。在教學時，我會說「彎曲手臂，讓負重到胸前，接著讓手臂盡可能往右斜上方伸直，來到終點位置」。之後，沿著原本的軌跡回到起始點，這樣來回算 1 次。呼吸的部分，手往斜上移動時一邊吐氣，接著在回到起始點的過程吸氣。

【圖 7.8 單跪姿斜向畫線流程】

動作過程中，雙眼直視前方的一個定點，這有助於維持動作穩定，同時盡量將軀幹及下肢穩定在原本位置，保持上半身面對前方，不要因為手的移動而讓軀幹旋轉或彎曲。

步驟 4：完成指定的反覆次數後，換邊練習。

【圖 7.9 錯誤示範：軀幹跟著旋轉或彎曲】

【圖 7.10 換邊進行單跪姿斜向畫線】

在此特別補充說明一點：在進行動作時，並非強調身體要穩定完全不能動，而是要盡可能讓身體體線（骨盆、脊椎、頸椎等）呈一直線，即使手持的重量愈來愈重，身體隨之偏移時，體線仍然不改變，這就稱為「動態穩定」。

【圖 7.11 動態穩定下好的體線】

【圖 7.12 不好的體線】

同樣的原則也適用在其他動作上，像是單腳站立時，身體會偏移到支撐的一邊，或者是在棒式姿勢下讓手去碰肩膀，這時身體自然會因重量轉移而偏移。

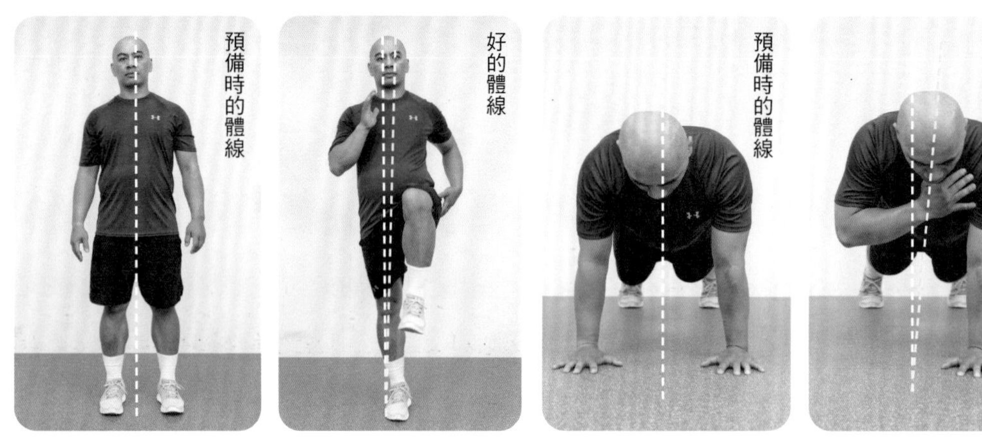

【圖 7.13 單腳站立時的動態穩定】

【圖 7.14 棒式手碰肩時的動態穩定】

在教學上，有幾個狀況經常發生：

1. 在步驟 3 畫斜向軌跡時，有的人會往前畫一個弧線，讓負重距離身體太遠（如圖 7.15）。這並沒有對或錯，只是在教學上，我會提醒盡可能貼著身體來進行。

2. 進行動作時，下肢無法維持一直線，身體會晃來晃去，甚至往側邊倒下去。解決方式是增加「底面積」，前後腳先不要呈一直線，而是與髖關節同寬（如圖 7.16）。隨著動作愈來愈熟悉，控制愈來愈好，就可以逐漸讓前後腳往中線靠攏，最後呈一直線。

【圖 7.15 畫斜向軌跡時距離身體太遠】

【圖 7.16 若下肢無法維持一直線，可先與髖關節同寬】

3. 怎麼選擇適合自己的重量呢？請使用「嘗試法」，從最輕的重量開始慢慢往上加。當你找到適合的重量時，會覺得動作有「挑戰性」，需要放慢速度來進行，但不至於無法維持正確姿勢；若重量太重，姿勢就會跑掉。在進行動作時，自己會有感覺的。

◎彈力帶版本的單跪姿斜向畫線

【圖 7.17 彈力帶版本的單跪姿斜向畫線】

在教學上，我也會使用彈力帶來進行單跪姿斜向畫線。它提供的阻力方向跟前面提到的自由重量（如壺鈴、啞鈴、槓片等）不同，自由重量提供的阻力方向是垂直地面的（因為地心引力），而彈力帶提供的方向是相反於你拉的方向。

在操作時，需要使用到「細版」的彈力帶及三頭肌下壓繩（如圖 7.18）。我使用的彈力帶規格是厚 4.5 公釐、寬 6.4 公釐、周長 208 公分，將一端套在牢固的物體上，像是蹲舉架或很重的壺鈴（如 32 公斤），而另一端則套在三頭肌下壓繩上。此處須留意，為確保操作安全，套綁的物體必須足夠牢固，避免彈力帶在操作過程中鬆脫導致受傷。此外，若沒有三頭肌下壓繩，也可以使用長度合適的毛巾代替。

【圖 7.18 三頭肌下壓繩】

在進行動作時，彈力帶固定的位置（稱「錨點」）會在身體的正側邊，與上半身在同一平面上（如圖 7.19）。錨點離身體的距離愈遠，彈力帶的阻力就愈大，動作難度就愈高，這距離需要視每個人的程度來調整，但基本上會希望在預備位置時，彈力帶本身是拉緊的而不是鬆的。

【圖 7.19 彈力帶固定的錨點位於身體正側邊】

動作要領跟前面的操作步驟都一樣，差別在如何抓握三頭肌下壓繩，這是學員比較不熟悉的地方。三頭肌下壓繩的握法，是讓你的虎口對準三頭肌下壓繩的圓球（如圖 7.20）。

【圖 7.20 三頭肌下壓繩的握法】

想要增加阻力，最簡單的方式，就是加大錨點與身體的距離（如圖 7.21）。

【圖 7.21 透過加大錨點與身體距離增加阻力】

或者你也可以再增加一條彈力帶，但這種方式可能會讓阻力變太大，難度更高。

提醒一下，在操作上，要確保錨點是牢固的，以避免在進行動作時錨點被拉走。而在使用彈力帶進行動作時，要留意彈力帶是否有裂痕或脆化，若有的話，建議更換新的，否則可能做到一半會斷裂。

漸進動作設計

在進行單跪姿斜向畫線時，有兩種增加難度的方式。第一是改變視線，從原本直視前方定點，改為眼睛跟著手移動（如圖 7.22）。

【圖 7.22 讓視線跟著手移動增加難度】

再進階一點則是閉眼，更加依靠本體感覺與知覺來維持身體的穩定（如圖 7.23）。

【圖 7.23 閉眼操作以進一步增加難度】

第二種方式是改變姿勢，從較為靜態的姿勢轉換到動態的姿勢，更符合現實生活所需要的「動態穩定」。因此接下來為大家介紹兩種動態姿勢「分腿靜態維持的斜向畫線」和「動態分腿的斜向畫線」。

分腿靜態維持的斜向畫線

在你能夠輕鬆掌握單跪姿後，可以進一步挑戰，先採單跪姿，前後腳呈一直線，接著**後腳膝蓋離地一個拳頭的距離**，呈現一個「分腿靜態維持」的姿勢，處在這個姿勢下進行斜向畫線的動作（如圖 7.24）。

【圖 7.24 分腿靜態維持的斜向畫線】

我在教學時會開玩笑說，若現在還有人在體罰半蹲的話，應該換成更有功能性的「分腿靜態維持」姿勢。有的人因為下肢會太痠（尤其膝蓋周圍的肌肉，如股四頭肌），所以無法穩定維持這姿勢，**這時建議讓膝蓋離地遠一點，呈現一個高分腿的姿勢**（如圖 7.25）。

【圖 7.25 分腿靜態維持（高分腿版）的斜向畫線】

當膝蓋離地愈遠，對下肢的挑戰愈低；膝蓋離地愈近，挑戰就愈高，可以根據這個原則來調整難易度。隨著訓練累積，你可以慢慢降低膝蓋的高度，也等於逐步提高動作的難度。

動態分腿的斜向畫線

當熟悉靜態維持的版本之後，就可以漸進到「動態」版本：**下肢進行分腿蹲，手部同時進行斜向畫線的動作**。身體下蹲時，手在下；而身體起來時，手跟著往上。圖 7.26 以啞鈴為例，而彈力帶版本的動作也是一樣的（如圖 7.27）。

【圖 7.26 動態分腿的斜向畫線】

【圖 7.27 動態分腿的斜向畫線（彈力帶版）】

登階的斜向畫線

分腿蹲時，雙腳還是同時接觸地面，而登階則是最接近單腳動作的姿勢。在操作時，需要準備一個高度略低於膝蓋的椅子，我教學時是準備 30 公分高的跳箱。以下用啞鈴負重進行示範：

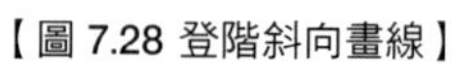

【圖 7.28 登階斜向畫線】

步驟 1：預備姿勢，以左腳先為例，左腳踩在跳箱上，雙手握負重置於左邊髖關節的外側（圖 7.28 左）。

步驟 2：左腳往上登階時，雙手往右斜上方進行移動（圖 7.28 右），然後再回到預備姿勢，這樣來回算 1 次。

步驟 3：進行完指定次數之後，再換邊進行。

【圖 7.29 登階斜向畫線，換邊進行】

彈力帶版本的動作也是一樣：

【圖 7.30 彈力帶版本登階斜向畫線】

單跪姿負重繞頸

除了斜向畫線的動作外，我也滿喜歡「單跪姿負重繞頸」的動作，這在負重移動的情況下，考驗身體做出動態穩定的能力。以雙手握啞鈴為例，下半身同樣處於單跪姿，想像手上的啞鈴是一條毛巾，要沿著脖子擦一圈。

【圖7.31 單跪姿負重繞頸】

熟悉單跪姿之後，一樣可以漸進以「分腿靜態維持」的姿勢來進行繞頸的動作。而在進行繞頸動作時，重量愈重，身體就愈容易產生位移來維持整體的穩定，這是無可避免的，也不算錯誤。比方說，持 10% 體重的啞鈴跟持 25% 體重的啞鈴進行動作時，身體的位移就會不一樣，要關注的是體線是否維持一直線。

何時讓動作進階

原則上，我會先讓學員從「單跪姿斜向畫線」動作開始，組數為 2 ～ 3 組，而每組從 8 次開始，然後每週增加 2 次，直到 12 次：

第一週：3 組 ×8 次
第二週：3 組 ×10 次
第三週：3 組 ×12 次

當完成 3 組 12 次之後，就可以進階到更難的方式，如「視線跟著手移動」或進到「分腿靜態維持」的姿勢，次數就會回到 8 次，同樣每週增加 2 次，直到 12 次之後，再漸進到更難的姿勢。

原則上，同一時間下，改變難度的方式只會選擇一種，這樣比較能夠掌握學員的適應狀況；若同時改變視線又改變姿勢，學員要重新適應的元素太多，難度突然大幅提升，有時反而弄巧成拙。

8

Chapter

實例課表

我一直相信，想要遠離疼痛或全面性地強壯，不能只依靠某一個動作，需要的是一份完整且成熟的課表，同時加上「規律」的訓練。一份課表，除了肌力訓練動作外，也應該涵蓋熱身流程，熱身流程不僅讓身體做好訓練的準備，也是讓心理進到訓練狀態的一個「開關」。可惜的是，它受到的重視卻遠不及肌力訓練動作。

在教學經驗中，有的學員在教練的指導下，可以很快地進入訓練狀態，但在自主訓練時，除了比較不容易進到訓練狀態外，運動時也會出現膝蓋不適的症狀。會有這個狀況，我認為主要問題在於不重視「熱身儀式」。

比方說，沒有確實執行教練所教的「所有」流程，只選擇幾個喜歡的來做，而跳過做起來比較辛苦的動作，甚至是省略熱身，直接開始肌力動作。身體沒有準備好，心理狀態也沒有切換到訓練模式。

當然還有其他原因，像是自主訓練時，讓人分心的事物較多，你可能會比較容易查看手機，旁邊走動或交談的人等等，也會影響到專注度。

就針對熱身這部分，我會跟學員說：「教練不會教沒用的熱身動作，熱身動作的安排都是有邏輯及目的性的。前置作業安排得好，肌力動作會做得比較流暢舒服，同時你也會更專注。」

因此，建立一套屬於自己的熱身流程是相當重要的。在這個章節裡，我會提供一份我實際應用在教學上的熱身流程及課表，其實絕大多數的內容都在前面章節提過，沒有介紹的部分，我會在此額外補充。

步驟一：肌肉喚醒操

原則上可以參考第二章的說明，熟悉流程的人，5 分鐘內就可以做完。

部位	反射區位置
1. 臀部	耳根後及頭蓋骨底部。
2. 橫膈膜	胸骨前側及肋骨下緣。
3. 腰肌	肚臍往外 2.5 公分，再往下移 2.5 公分的區域。
4. 核心肌群	大腿內側，由膝蓋到鼠蹊部。
5. 側線	臀部外側、大腿外側及乳暈。
6. 大腿後側	從薦椎沿著薦髂關節，最終到髂後上棘。

- **臀部：**

  ① 耳根後：以大拇指指腹由耳根後沿下巴往下推約 5 公分，重複 5 次。

  ② 頭蓋骨底部：以大拇指指腹於頭蓋骨底部由中間往外側摩擦頭皮，重複 5 次。

- **橫隔膜：**

  ① 胸骨前側：由鎖骨間的凹陷區域開始，以大拇指指腹以畫圈方式磨擦皮膚表面 5 圈，接著往下移動 5 公分再重複動作，直到肋骨下緣處為止。

  ② 肋骨下緣：以大拇指指腹由肋骨下緣最外側往內側上下磨擦皮膚表面至身體中線，雙邊各進行 3 次。

- **腰肌：**

  找到肚臍向外 2.5 公分、向下 2.5 公分處，用大拇指尖或工具按壓約 1 個指節的深度後畫圈 5 次，再往下移動 2.5 公分重複一遍動作。

● **核心肌群：**

由膝蓋內側為起點，以手刀往鼠蹊部方向剁大腿內側，來回 3 次。

側線：

① 臀中肌 &Fascia Lata：以手掌從膝蓋外側拍打到臀部外側，重複進行 3 次。

② 髖內收肌群：以大拇指指腹按壓乳暈位置，畫圈 10 次。

● **大腿後側：**

找到褲子後側繫皮帶的區域，由中間向外以雙手大拇指指腹畫圈按壓，重複 3 次。

步驟二：熱身動作

以下動作較多，但熟悉動作與流程後，10 分鐘內就可以完成。

順序	動作	次數
1.	跪坐姿勢搭配眼球聚焦	左右來回 5 次 + 前後來回 5 次
2.	貓牛式	5 次
3.	髖屈肌靜態伸展（第四章，p.56）	每邊進行 30 秒
4.	髖外旋靜態伸展（第四章，p.61）	每邊進行 30 秒
5.	髖內收動態伸展（第四章，p.65）	每邊進行 8 次
6.	髖外展動態伸展加胸椎旋轉（第四章，p.66）	交替 10 次
7.	毛毛蟲	來回 5 次
8.	運動員姿勢髖關節內旋／外旋（第五章，p.77）	每邊進行 10 次
9.	運動員姿勢髖關節外展（第五章，p.79）	每邊進行 10 次
10.	運動員姿勢髖關節 45 度伸展（第五章，p.83）	每邊進行 10 次
11.	徒手分腿蹲（第六章，p.91）	每邊進行 8 次
12.	側蹲	每邊進行 8 次

有幾個動作未曾介紹過，以下做說明：

◎跪坐姿勢搭配眼球聚焦

在第六章有提到「跪坐姿勢」，我將跪坐姿勢結合「眼球聚焦」的訓練成為這個熱身動作。眼球聚焦訓練是由加拿大姿勢專家Annette Verpillot所分享的:「在腦幹中，有一組帶有上行及下行纖維的交叉纖維，將你的眼部肌肉與上斜方肌、胸鎖乳突肌和枕骨下肌連接起來。因為上述的連接，當眼肌不平衡時會導致頸部不平衡，進而造成頸部疼痛，所以改善頸部不適的其中一個方式，就是鍛鍊眼部肌肉。」

雖然作者只提到鍛鍊眼部肌肉可減輕頸部壓力，但同時鄰近區域的肌肉張力也會獲得改善，所以你也會覺得肩膀比較放鬆。另外，眼球聚焦對改善身體的體線及肌力動作品質是很有幫助的。

曾有一位學員，工作需要長時間看電腦，除了眼睛容易疲勞之外，也有頸部不適的狀況。接觸「眼球聚焦」的訓練後，他會在工作的空檔練習，後來跟我反應眼球聚焦訓練讓他覺得肩頸沒有那麼緊了。

眼球聚焦的步驟如下：

步驟 1：預備姿勢為跪坐姿勢，兩手交握，置於兩眼之間，高度約在鼻梁位置，距離鼻梁約一個手掌寬度，左右手的大拇指與食指貼緊且立起（沒有向下收），類似《火影忍者》卡通的「虎之印」手勢，可參考圖 8.1 會更清楚。

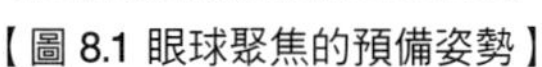
【圖 8.1 眼球聚焦的預備姿勢】

步驟 2：接著頸部慢慢往右轉，但眼睛持續注視著食指指尖，向右轉到底時，再慢慢往左轉到底（如圖 8.2）。過程中，視線不要離開食指，總共來回進行 5 次。

【圖 8.2 頸部往右轉到底再往左轉，途中持續注視指尖】

步驟 3：手回到預備姿勢的位置，接著讓手慢慢往前移動，眼睛同樣要注視食指，當手部無法再往前移動時，再移動回到原點，前後來回共進行 5 次（如圖 8.3）。

【圖 8.3 讓手往前移動到最遠處再回到原點，過程中持續注視指尖】

◎貓牛式

這是一個活動脊椎的動作，對身體缺乏活動的族群尤其重要，因為脊椎如果長時間維持在相同的姿勢（比方說駝背），容易變得緊繃且失去活動度。

在進行後續的熱身及肌力動作時，脊椎緊繃會使學員不易維持適當的體線，也會影響到胸椎旋轉能力及肩膀的動作。因此做完「跪坐姿勢搭配眼球聚焦」之後，緊接著進行貓牛式。

【圖 8.4 四足跪姿】

步驟 1：預備姿勢為四足跪姿。

步驟 2：像貓一樣拱背，收下巴，眼睛看肚子，同時進行嘴巴吐氣。沒看過貓拱背的話，可以想像肚子被揍一拳。

【圖 8.5 貓式】

步驟 3：跟貓式完全相反的動作，也稱為牛式。背部下凹，抬頸部，眼睛看上方，同時鼻子吸氣。容易頸部不適的人，維持在頸部舒服的角度即可，不需要刻意往上抬。

步驟 4：重複步驟 2 及步驟 3，總共進行 5 次。

【圖 8.6 牛式】

在操作時，如果覺得胸椎部位十分緊繃或卡卡的，可以在熱身前用滾筒來按壓胸椎。如果你想添購滾筒，可以考慮 Rollga 這類有凹槽設計的滾筒（如圖 8.7），比起傳統平面的滾筒，它的凹槽設計會讓你對於按壓脊椎兩側的肌肉十分有感。

【圖 8.7 以滾筒按摩胸椎】

滾筒操作方式如下：

步驟 1：預備姿勢。臀部坐在地上，雙腳屈膝，上背躺在滾筒上，雙手扶住頭；滾筒有凹槽的話，可以讓脊椎放在凹槽中。

步驟 2：利用下肢來控制，來回按壓脊椎 10 次，按壓的範圍是頸部底部到肋骨的最下緣，不建議按壓到下背（即腰椎）的位置。滾筒按壓完之後，脊椎兩側肌肉的緊繃感會下降，這時再進行貓牛式，緊繃或卡卡的感覺會明顯改善。

【圖 8.8 以滾筒來回按壓】

◎毛毛蟲

這是一個從腳趾活動到手指的全身性動作，有助於活化踝關節、核心及肩膀，同時能快速提升體溫，步驟如下：

步驟 1：預備姿勢。身體站直，雙腳與肩同寬，雙手自然垂放。身體向下彎，讓手去觸碰腳趾；手碰不到腳趾的話，可以彎曲膝蓋。

【圖 8.9 預備姿勢】

步驟 2：在腳掌不動的情況下，手掌慢慢地往前爬行，直到無法再往前為止。

【圖 8.10 手掌往前爬行】

步驟 3：在手掌不動的情況下，腳掌慢慢地往前走，步伐愈小愈好，直到無法再往前為止。

【圖 8.11 手掌不動，腳掌往前走】

步驟 4：同樣在手掌不動的情況下，腳往回走到原本位置。

【圖 8.12 手掌不動，腳掌往回走】

步驟 5：在腳掌不動的情況下，手掌慢慢爬回到原本位置。從步驟 2 ～ 5 的過程算 1 次。

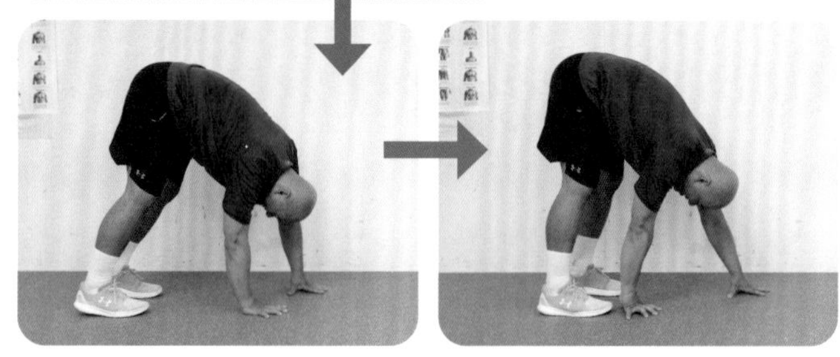

【圖 8.13 腳不動，手掌爬回原點】

在步驟 2 的動作中，不要為了追求手往前爬得很遠，導致下背往下凹，這一點要特別注意。

◎側蹲

可以把側蹲看成是站姿的「髖內收動態伸展」，它可以增加髖關節額狀面的活動度，同時也發展身體在重心左右移動時的動作控制能力。操作步驟如下：

步驟 1：預備姿勢。雙腳大概是兩倍半的肩寬，腳尖朝前，雙手自然垂放。

步驟 2：先做右邊，想像右腳跟後面有一張椅子，臀部往右後方坐下去，同時雙手順勢往前平舉，然後回到預備姿勢，這樣

【圖 8.14 預備姿勢】

【圖 8.15 右側蹲】

算 1 次。可以的話，盡量往下蹲讓大腿與地面平行。在進行時，如果大腿內側產生的拉扯感讓你不舒服，或者蹲太低會站不起來，量力而為即可。呼吸的方式是往下蹲的時候吸氣，起身的時候吐氣。

步驟 3：做完指定次數後，換邊進行，一樣想像左腳跟後面有一張椅子，臀部往左後方坐下去，同時雙手順勢往前平舉，然後回到預備姿勢。

【圖 8.16 左側蹲】

進行這個動作時，最常見的錯誤如下：

這個動作和大多數的訓練動作一樣，要保持「脊椎中立」，但在以往的經驗中，有人會把脊椎中立誤解為「身體直立」或「軀幹垂直地面」，在側蹲這個動作尤其明顯。學員為了保持上半身要「垂直地面」，就利用「彎曲膝蓋」來產生動作，造成壓力落在膝關節上（如圖 8.17 左）。

側蹲這個動作，主要還是著重在「髖關節」上，在進行動作時，務必記得「臀部往後，上半身會自然前傾」。

【圖 8.17 進行側蹲時，上半身會自然前傾，而非垂直地面】

步驟三・肌力訓練課表

以下這張課表是針對初學者所設計，提供建議的肌力訓練動作、組數及次數，其中的動作可以視操作者程度替換成同一動作模式的其他動作，但建議都先從這張課表中的動作開始做起。

	動作模式	動作名稱	第一組	第二組	第三組
1A.	下肢髖主導	壺鈴硬舉（第六章）	8 次	8 次	8 次
1B.	上肢水平拉	吊環的反式划船	8 次	8 次	8 次
1C.	核心訓練	跪姿斜向畫線（第七章）	8 次／邊	8 次／邊	8 次／邊
2A.	下肢膝主導	啞鈴酒杯式分腿蹲（第六章）	8 次／邊	8 次／邊	8 次／邊
2B.	上肢水平推	伏地挺身	8 次	8 次	8 次
2C.	核心訓練	農夫走路	40 步	40 步	40 步

以下說明如何「閱讀」這份課表。

◎配對組

一般在安排訓練課表時，我的習慣是先進行下肢訓練，再進行上肢訓練，最後進行核心訓練動作：

A. 下肢動作

B. 上肢動作

C. 核心訓練動作

下肢訓練完換訓練上肢時，等於讓下肢休息，接著進行核心訓練；由於核心訓練動作通常都是等長收縮的方式（肌肉的長度維持不變），對於上肢及下肢的強度較低，可視為一種「動態」休息。

在課表中，第一欄「數字」代表操作的順序，數字一樣的代表同一配對組別。上面 1A ～ 1C 是第一個執行的組別，就稱第一個「配對組」；2A ～ 2C 是第二個執行的組別，也就是第二個配對組。「英文」符號則是該組操作的順序。

1A ～ 1C 屬於同一組別，在 1A 的動作做完第一組指定次數後，接著進行 1B 的動作，做完第一組的指定次數後，最後進行 1C 的動作。做完各動作第一組指定次數後，可以休息一分鐘，讓呼吸恢復正常，接著再進行 1A 的第二組、1B 的第二組、1C 的第二組，以此類推。

	動作模式	動作名稱	第一組	第二組	第三組
1A.	下肢髖主導	壺鈴硬舉	8 次	8 次	8 次
1B.	上肢水平拉	吊環的反式划船	8 次	8 次	8 次
1C.	核心訓練	跪姿斜向畫線	8 次／邊	8 次／邊	8 次／邊

第一個配對組執行完畢後，接著以同樣的方式進行第二個配對組。

	動作模式	動作名稱	第一組	第二組	第三組
2A.	下肢膝主導	啞鈴酒杯式分腿蹲	8 次／邊	8 次／邊	8 次／邊
2B.	上肢水平推	伏地挺身	8 次	8 次	8 次
2C.	核心訓練	農夫走路	40 步	40 步	40 步

◎訓練劑量

一份課表，我會安排兩個配對組，每個配對組有三個動作，各動作進行三組。不管是初學者或是有經驗的人，若有確實抓到每個動作的「強度」，在每週至少訓練兩天的情況下（每次訓練間隔一天以上），就能達到訓練效果。長期維持這樣的訓練節奏，進步是可預期的。

為什麼每週至少訓練兩天，不能訓練一天就好嗎？這要談到所謂的「超補償效應」，當我們進行一次訓練後，身體會疲勞，身體機能會下降，隨著休息並補充營養，身體的機能會先回復到訓練前的狀況，接著因為「超補償」的關係，它會再上升到新的水平。但如果我們沒有接續訓練，身體機能還是會從新的水平衰退，回到訓練前的恆定狀態。

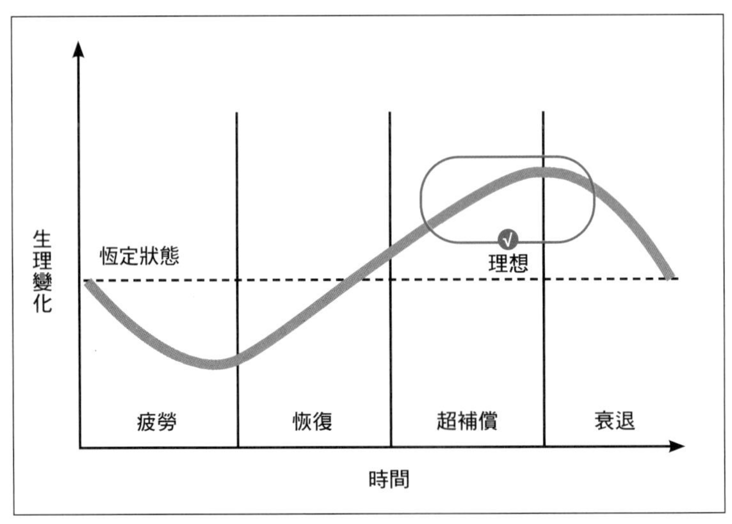

【圖 8.18 訓練後生理隨著時間的變化】

所以我建議初學者一週至少訓練兩次，最理想的情況是，在超補償階段（訓練後的 36 ～ 72 小時）就進行第二次訓練。一週訓練兩天的另一個原因是「動作學習」，學習動作的關鍵是「頻率」，頻繁地練習，動作才會明顯進步，也才能更進一步的開始漸進負荷。

但有的人想要趕快進步，會計畫一週練個好幾天，抱持著練愈多愈好的想法，這樣做是否有用呢？這取決於每個人承受「壓力」及自身「恢復」的能力。訓練會產生疲勞，帶給身體壓力，需要有充足的休息與恢復，身體的能力才會提升。我曾經遇到一位學員，多年處於一週連續訓練五天，然後週末休息的狀態。據他表示，肌力一直沒辦法進步。這不令人意外，因為他沒有安排適當的休息時間。在訓練期間，身體機能是下降的，訓練強度上不去，甚至容易生病（因為免疫系統下降）。熬到週末身體才能進行恢復，恢復時間又不足，所以無法產生有效的「超補償效應」，長期下來，身體機能就無法提升（如圖 8.19）。

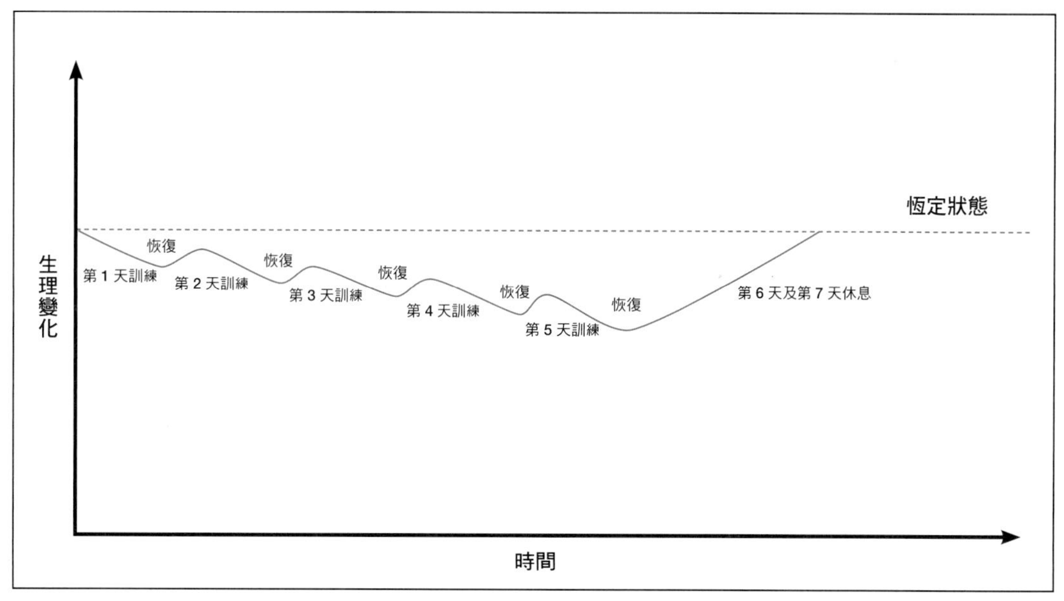

【圖 8.19 一週每天訓練，只有週末休息的生理變化圖】

如果你的訓練經驗充足，了解自己的訓練計畫及強度安排，在恢復時間充足的情況下，就能引出很好的超補償效應。比方說，你連續訓練五天，然後遇到「農曆年假」，身體機能有機會被提升到新的水平（如圖 8.20）。

但對初學者來說，由於對身體變化的察覺較沒經驗，訓練與休息日交替進行安排還是比較「安全」的做法，比較不會練到受傷。

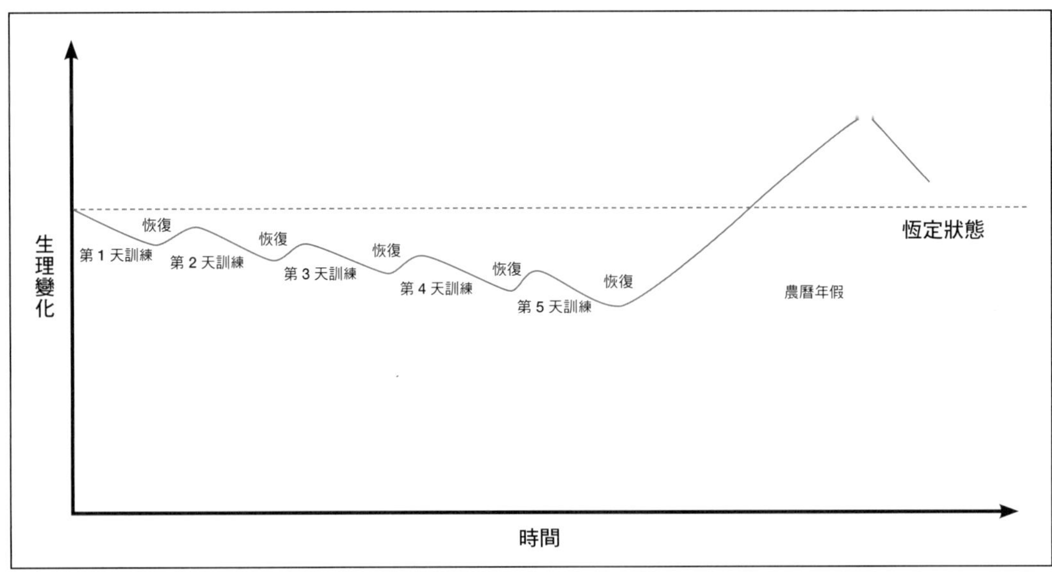

【圖 8.20 連續訓練五天後有一段長時間休息的生理變化圖】

另外，也有人問我：一週沒辦法練太多天，可以把課表中的動作「多」做幾組嗎？或者再增加其他的動作？在動作都有找到適當的強度下，訓練量愈高，身體會更疲勞，就會延長恢復與適應的時間，你的訓練計畫、其他運動、生活、工作等時間的分配也要一起配合才行。

和大家分享一個實際案例：我曾接觸過一位學員，本身是教練，也是格鬥愛好者，他以往訓練都是硬撐做完，練一天累六天，運動表現始終無法進步，爆發力出不來、精神狀態也很疲勞。來我們工作室後，我將課表的動作數量變少，訓練的組數也降到只有 2 ～ 3 組，不僅疲勞狀況大幅改善，運動表現也明顯進步，手插腰垂直跳從 25 吋進步到 35 吋。分享這個例子是希望讀者明白，練愈多不一定愈好，找出適合自己生活節奏的訓練量，才是比較好的做法。

運動作家、同時也是我的好友徐國峰曾分享一個「大猴子／小猴子」的概念：

跑步訓練中，可以將跑者分為「大猴子／小猴子」，大猴子需要「多」練，練多了才覺得舒服。但小猴子練多了，只會覺得身心都有壓力，成績反而不容易上去。

大猴子／小猴子的概念讓我們了解，人與人之間有個體差異，大猴子可以透過大量訓練來進步，但小猴子若練多風險會很大。

剛開始投入某樣運動時，進步會很明顯，跑步也是。但如果誤以為「進步」是「加量練習」的成果，一直加量追求破 PR（個人最佳紀錄），對小猴子跑者來說是很危險的。

在跑者中，小猴子占多數，大猴子只是少數，肌力訓練族群也是如此。吃得下高訓練劑量同時覺得舒服的人僅占少數，對多數人來說，「小量且持續規律的訓練」才能將帶來更好的動作適應及效果，同時也會降低受傷機率。有不少教練也持相同的看法，加拿大田徑教練查理・法蘭西斯（Charlie Francis）說：「在較長時間內，持續給予中樞神經小量的刺激，可以帶來更多的適應與進步；急於想要看到成果，反而會造成不可預期的狀況。」（Smaller CNS demands over a longer period of time result in more acceptance and greater improvement, while the rush to get more done leads to uncertainty down the road.）《傳奇教練丹約翰的肌力體能訓練金律》（*Never Let Go*）的作者丹・約翰（Dan John）也說：「想要收穫要耐心等待，而不是用強迫手段。」（Coax the gains, not force them.）

談到訓練壓力，就不得不提《原子習慣》（*Atomic Habits*）作者詹姆斯・克利爾（James Clear）在他個人網站上所分享的一篇文章〈累積壓力理論〉（The Theory of Cumulative Stress），我整理重點如下：

將「健康」及「能量」看成一桶水，在日常生活中，有些行為可以為這桶子「加水」，有些行為會讓它「排水」。水位愈高，代表身體的健康及能量愈飽滿，水位愈低，則代表健康及能量狀況愈低迷。

可以為水桶「加水」的行為包括睡眠、良好的營養、冥想、從事開心的事情、微笑等，「排水」行為則有肌力訓練、跑步、工作、經濟、學業、感情、人際關係、失眠、焦慮等。

當然，排水的行為並非全是「負面的」，為了更好的生活，我們需要面對壓力，在重訓室、學校或辦公室裡努力工作，都會帶來有價值的事物。但即使是正向的努力，也會消耗我們的精力。這些消耗隨著時間的流逝，即使排出的水量很小，累積起來也很可觀。

【圖 8.21 健康與能量如同一桶水】

作者通常每週重訓三天，經過很長一段時間後，他認為可以每週進行四天的重訓。但是，加入第四天的訓練後，前幾週狀況都還不錯，大概一個月後，他常常感覺疲勞，也容易輕度受傷。他才意識到，原來「壓力是累積的」。

每週訓練三天是他可以長期維持的節奏，再多就不行了。增加了第四天的訓練後，額外的壓力開始累積，在某個時間點時，就會筋疲力盡或受傷。

在極端的情況下，這種壓力可能會來得很快，額外增加的訓練量、工作上的業務壓力、育兒的疲憊、照顧年邁的父母，這一切加起來，比你想像中還要多，當壓力累積到臨界點時，一件小事就能引爆情緒，甚至讓身體病倒。

定期地為水桶加水，是一個重要的工作。

詹姆斯 ‧ 克利爾介紹的觀念很基本，但卻常被忽略。如果我們在肌力訓練上消耗太多的能量，又沒辦法獲得良好的恢復（比方說，更多的睡眠時間，或是更高品質的食物），水桶的水位就會偏低，在從事其他事情時，就會降低品質，甚至有補償心理，造成負面效果（運動後大吃大喝之類的）。

我不是大猴子，也不會把學員當做大猴子來訓練，只要動作的訓練「強度」有達到，原則上就會進步。切記，肌力訓練要的是「強度」及「進步」，而不是「疲勞」或「痠痛」。

◎動作的重量選擇

初學者會有一個疑問：「重量怎麼選擇？」第六章有提過，可以使用「嘗試錯誤法」。以壺鈴硬舉為例，一般來說，壺鈴重量的增加級距是 4 公斤，你會看到有 4 公斤、8 公斤、12 公斤、16 公斤等。剛開始接觸壺鈴硬舉時，先拿最輕的重量，如 4 公斤。做完指定的反覆次數後，覺得太輕鬆的話，下一組或下一次訓練，再跳到下一個級距的重量，如 8 公斤。如果還是覺得太輕鬆，同樣再於下一組或下一次增加重量，以此類推，直到你覺得「有挑戰性」。這個有挑戰性的重量會隨著規律的訓練不斷進步，它不會是一個固定的重量。

什麼叫做「有挑戰性」的重量呢？你可能常聽到 1RM（Repetition Maximum），這代表什麼意思呢？它是指「在特定動作上，1 次能舉起的最大重量，在運動科學上，被定義為 1RM，即 1 次反覆次數的最大重量」。比方說，靜香的六角槓硬舉動作中，能以 100 公斤的重量進行 1 次，但沒辦法進行第 2 次，所以靜香的六角槓硬舉 1RM 為 100 公斤。若靜香可以拉起 100 公斤的重量進行 2 次，但沒辦法進行第 3 次，我們就稱靜香的六角槓硬舉 2RM 為 100 公斤。因此，nRM 表示「連續 n 次能做到的最大重量」。

再來，RM 之間的重量該怎麼換算呢？比方說，我知道六角槓硬舉 1RM 的重量時，要怎麼得知我 8RM 的重量呢？有一個表格可以參考：

反覆次數	% 1RM
1	100%
2	95%
3	93%
4	90%
5	87%
6	85%
7	83%
8	80%
9	77%
10	75%
11	70%
12	67%
15	65%

所以若靜香六角槓硬舉 1RM 是 100 公斤，想要進行 8 次反覆次數時，對應到的重量是「80%」，所以是 80 公斤。但這是「預估值」，不代表實際值。靜香 8RM 的重量預估為 80 公斤，不代表她只能進行 8 次，有可能低於或高於 8 次。另外，我們也可以回推 1RM 的重量，如果你知道靜香 8RM 的重量是 80 公斤，就可以推算出 1RM 的重量是 100 公斤。

回到前面，什麼叫做「有挑戰性」呢？這要談到「保留次數」的概念，保留次數是指「還有幾次會力竭」，比方說在 8RM、也就是可以進行 8 次的重量下：

進行 8 次，稱保留次數為「0」，也就是毫無保留，即稱「力竭」；
只進行 7 次，稱保留次數為「1」；
只進行 6 次，稱保留次數為「2」；
以此類推。

在操作課表時，不建議以「力竭」為目標，而是選擇保留次數 2 ～ 3 次的方式來執行動作。比方說，若指定的反覆次數是 8 次，最好選擇 10RM ～ 11RM 左右的重量。

保留次數是一個概念，對初學者來說，很難精準拿捏，這很正常。隨著訓練經驗的增長，會愈來愈熟悉。

當你藉由「嘗試錯誤法」慢慢找到有挑戰性的重量時，要怎麼安排進課表裡呢？在課表中，每個動作是 3 組，這 3 組可以變成第 1 組是熱身，後 2 組是訓練組。熱身組，我習慣固定重量，以有挑戰性重量的 70 ～ 80% 來做熱身。由於每次訓練時，熱身的重量都一樣，可以藉此去判斷當天的狀況比之前好或壞，來決定跟上一次訓練相比，第 2 組要增加重量、維持重量或者減輕重量。同樣的方式，第 2 組進行完之後，視第 2 組的情況，來決定第 3 組的重量，但若第 2 組重量抓到適當的強度，第 3 組的重量通常是持平。

重量的選擇及增減非常仰賴經驗，當你訓練久了，身體會告訴你該怎麼調整重量。

◎上肢訓練動作說明

前面課表有提到「上肢水平拉」及「上肢水平推」的訓練動作，由於之前沒有提過，以下為各位說明。如果各位有興趣進一步了解「上肢水平拉」及「上肢水平推」這種動作模式，在《麥克波羅伊功能性訓練聖經》這本書裡有詳細說明，可以參考。

上肢水平拉

吊環的反式划船

在教學上，我最常安排的動作是「吊環的反式划船」，你可以使用體操吊環或懸吊系統來操作。在操作前，不論器材新舊，為了安全起見，先用力拉動握把，確保它是牢固、沒有鬆脫的。動作步驟如下：

【圖 8.22 吊環反式划船預備姿勢】

步驟 1：預備姿勢。將握把的高度對齊腰部，身體與握把離一個前臂的距離，雙手握住握把，大拇指相對。

【圖 8.23 握把的握法】

步驟 2：雙腳固定不動，雙手慢慢完全伸直，身體像一塊木板一樣往後傾斜。

步驟 3：手掌往外轉 180 度，肩膀會像螺旋一樣轉動，你的大拇指會轉向外面，然後手肘往身體後方拉（如圖 8.25）。做完之後回到步驟 2 的動作，並順勢轉回手掌角度，這樣來回算 1 次。

【圖 8.24 雙手慢慢伸直，身體如木板往後傾斜】

【圖 8.25 手掌往外轉 180 度，手肘往身體後方拉】

原則上，腳掌愈往前，身體愈平行地面，難度愈難（如圖 8.26 中）；身體愈垂直地面，難度愈低（如圖 8.26 右），可視自己的情況來調整。

【圖 8.26 透過調整腳掌位置控制難度】

教學時，以下狀況需要特別注意：

【圖 8.27 錯誤示範：臀部往下掉】

1. 臀部不能往下掉

當手臂從彎曲到伸直的過程，有些人臀部會放鬆往下掉。要注意動作全程臀部都要收緊，想像身體像塊木板一樣，臀部不可以有放鬆的時候。

2. 手肘不要緊貼身體側邊

在手肘往後拉的過程中，不要讓手肘完全緊貼著身體側邊，有的人會因此肩膀前側感到緊繃甚至不舒服（如圖 8.28 左）。建議手肘與身體離一個拳頭的距離，前側肩膀會比較舒服（如圖 8.28 右）。

【圖 8.28 手肘不需要緊貼身體側邊】

3. 前臂很痠是不正確的

進行動作時，有的人是「手腕用力往後拉」來產生動作，所以他會緊抓著握把，然後將專注力放在手腕及前臂上，導致目標的肌群「闊背肌」沒有派上用場，反而是前臂很有感。

其實這可以從動作上看出來，如果是這種情況，結束姿勢時，他的手腕會呈現彎曲，而不是一直

【圖 8.29 結束姿勢時，手腕不該是彎曲的】

線。我會提醒學員，要想著「手肘」往身後拉，而不是「手腕」。

三點式划船

在教學上，另一常見的上肢水平拉是「三點式划船」，這個動作只要有啞鈴或壺鈴就可以進行，操作步驟如下：

步驟 1：右手持啞鈴，身體前方放置一個與膝蓋同高的牢固物體，如臥推椅，雙腳與物體離一個手臂的距離。

【圖 8.30 預備動作】

步驟 2：臀部往後推到底，接著左手伸直放在物體上，雙腳可以微彎，維持這個姿勢，讓右手做划船的動作，也就是手肘往身體後方拉，然後回到原點。跟吊環的反式划船一樣，要特別注意不是用「手腕」來拉。另外，若是手拿啞鈴的話，就沒辦法做出螺旋的動作，因為啞鈴會撞到身體，轉 90 度即可。

【圖 8.31 以啞鈴進行三點式划船】

上肢水平推

伏地挺身

在教學上，我最常安排的動作是「伏地挺身」，這個動作大家很熟悉，但並不一定能做得好，操作步驟如下：

步驟 1：預備姿勢。從四足跪姿開始，雙腳向後延伸，腳跟往後踩，即為棒式。我會在胸口下方放一個軟墊，做為計算反覆次數用。

步驟 2：想像身體是一塊木板一樣，緩緩向下移動，胸口碰到軟墊之後，再立即回到棒式的姿勢，這樣算 1 次反覆次數。

【圖 8.32 伏地挺身】

不少人會問手臂角度的問題，原則上，手臂愈往外開，用到胸的比例就愈高；手臂愈靠近身體，用到手臂的比例就愈高。而教學上，我不會刻意強調要練「胸」或「手臂」，但希望動作是呈現一個「箭頭」符號。

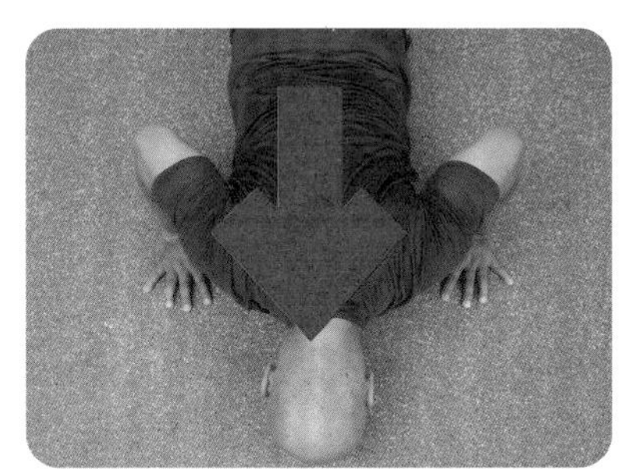

【圖 8.33 身體呈現箭頭符號】

對於沒辦法在地面完成標準伏地挺身的人，我會改用「手墊高」的伏地挺身，利用蹲舉架，把槓調到適合的高度，讓他可以連續做出 8 次正確的動作，而且要完成 3 組。

【圖 8.34 利用蹲舉架進行手墊高的伏地挺身】

接著，每次訓練時在最後一組增加 2 次，直到達 12 次。當最後一組達 12 次之後，每週在第二組增加 2 次，直到達 12 次；當第二組達 12 次之後，每週在第一組增加 2 次，直到達 12 次。

當 3 組都達到 12 次之後，降低槓的高度（增加強度），然後回到 3 組 8 次，重複上述步驟。

【圖 8.35 降低槓的高度以增加強度】

舉例來說，靜香一開始，槓的高度是放在蹲舉架的刻度 6：

週數	第一組	第二組	第三組
第一週	8 次	8 次	8 次
第二週	8 次	8 次	10 次
第三週	8 次	8 次	12 次
第四週	8 次	10 次	12 次
第五週	8 次	12 次	12 次
第六週	10 次	12 次	12 次
第七週	12 次	12 次	12 次
第八週 （至少下降 1 格）	8 次	8 次	8 次

這是漸進的規則，但能否持續進步，還是要看每個人訓練的頻率及狀況，同時還要搭配全身性的肌力及核心發展。

另一種情況是，學員可以在地面進行伏地挺身，但幅度沒辦法做太低，規則也是一樣，但改成「漸進幅度」。比方說，一開始先放 3 個軟墊在胸口下方，同樣目標漸進到可以進行 3 組 12 次，然後換成 2 個軟墊，再依照同樣漸進次數的原則，以此類推。

【圖 8.36 透過增加軟墊減少難度】

若是已經有辦法做到 3 組 12 次伏地挺身的人，可以開始漸進負荷，讓學員身穿「加重背心」來進行。

【圖 8.37 身穿加重背心增加難度】

沒有加重背心的話，可以選擇讓「下半身墊高」或使用「彈力帶」來進行，這些都是增加動作難度的方式。

【圖 8.38 使用彈力帶增加難度】

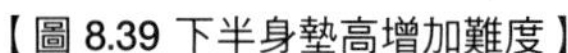

【圖 8.39 下半身墊高增加難度】

◎核心訓練動作說明

農夫走路

農夫走路是核心訓練的一種，負重的方式有很多種，像是手持負重（分雙手及單手）、酒杯式、壺鈴架式（分雙手及單手）、高舉過頭（分雙手及單手）及組合的變化等。教學上，我最常選擇的方式是「手持負重」，除了訓練維持身體體線的能力外，另一個重點就是發展上背及握力的強度。

【圖 8.40 雙手持負重】

【圖 8.41 單手持負重（又稱提行李箱式）】

【圖 8.42 酒杯式負重】

【圖 8.43 單手架式】

【圖 8.44 雙手架式】

【圖 8.45 單手高舉式】

【圖 8.46 單手架式＋提行李箱式】

【圖 8.47 單手高舉過頭＋提行李箱式】

在課表中，隨著下肢肌力動作的重量增加，像是硬舉，你會面臨到手握不住負重的狀況，為了預防這個狀況，所以我會安排「農夫走路」來提升握力。在操作上，我偏好使用壺鈴，相較於啞鈴或六角槓，壺鈴的握把比較粗，比較不會有「咬手」的情況。

農夫走路的操作方式如下：

步驟 1：預備姿勢。讓壺鈴置於腳掌的旁邊，身體以硬舉的方式將負重拿起來（如圖 8.48）。

盡可能不要讓壺鈴靠著下肢來步行，而是讓壺鈴跟身體有間隙，（如圖 8.49）。

步驟 2：雙手持負重的情況下，臀部收緊，以平常走路的速度往前行走，透過鼻子自然呼吸即可。

步驟 3：完成課表所指定的步數後，同樣以「硬舉」的方式，將負重慢慢放下來。

重量的選擇一樣是要有「挑戰性」，而漸進原則是先增加「步數」，比方說，每週增加 10 步或 20 步，當增加到 120 步（約 60 秒）時，可以增加重量，然後再從 40 步開始，以此類推。有一個目標可

【圖 8.48 以硬舉方式拿起負重】

【圖 8.49 讓壺鈴跟身體有間隙】

以供參考：雙手負重加總等於「自身體重」，然後步行 120 步。比方說，小明體重 64 公斤，目標是希望可以雙手各持 32 公斤的壺鈴，步行 120 步。

行李箱走路

除了農夫走路之外，教學上還會安排另一種「單手持負重」的版本，稱為「行李箱走路」，除了上述的訓練目的外，還可發展身體「抵抗」側向彎曲的能力。

動作的操作步驟跟農夫走路一樣，只是換成單手進行，建議沒有持負重的手也要想像有持負重，手要用力握緊。

在進行動作時，不要拿太重，否則會讓身體側彎（如圖 8.51）。

如果是右手持負重，通常進行到最後是左邊側腹會痠。它的漸進原則跟農夫走路一樣，只是最多到 60 步（約 30 秒），一邊進行完課表中指定步數之後，才換另一邊進行。

【圖 8.50 行李箱走路（單手持負重）】

【圖 8.51 錯誤示範：拿太重會讓身體側彎】

更多課表？

教學時，常會有人問：「其他時間要練什麼課表？」我的答案都是：「一樣，有時間的話，把我們訓練的內容再操作一次。」

我覺得對一般人的訓練或教練的專業養成，第一步就是照著一套發展成熟的課表來進行，去熟悉完整的熱身流程及動作細節，同時實際去驗證書上說的原則與理論。當你確實看到身體的「進步」，也了解進步的「原因」後，再來調整課表或練其他課表也不遲。這個過程需要「時間」及「耐心」來發酵，不要急於追求變化，或想練得更多。一旦遇到問題，務必尋求有經驗的專業人員協助，解決問題的過程可以累積你對訓練的經驗，幫助你成為一位更好的訓練者，甚至是教練。

若動作穩定且發展出一定的肌力水平時，一週訓練兩天者，我的習慣是第一天「髖主導動作」先練，膝主導動作後練；第二天「膝主導動作」先練，髖主導動作後練。以下是第二天的肌力課表：

	動作模式	**動作名稱**	**第一組**	**第二組**	**第三組**
1A.	下肢膝主導	雙手持負重分腿蹲	8 次／邊	8 次／邊	8 次／邊
1B.	上肢水平推	伏地挺身	8 次	8 次	8 次
1C.	核心訓練	跪姿繞頸	8 次／邊	8 次／邊	8 次／邊
2A.	下肢髖主導	單腳直膝硬舉	8 次／邊	8 次／邊	8 次／邊
2B.	上肢水平拉	三點式啞鈴划船	8 次／邊	8 次／邊	8 次／邊
2C.	核心訓練	行李箱走路	40 步／邊	40 步／邊	40 步／邊

同時，第一天課表的動作，會漸進到以下的階段：

	動作模式	**動作名稱**	**第一組**	**第二組**	**第三組**
1A.	下肢髖主導	**六角槓硬舉**	8 次	8 次	8 次
1B.	上肢水平拉	吊環的反式划船	8 次	8 次	8 次
1C.	核心訓練	**登階的斜向畫線**	8 次／邊	8 次／邊	8 次／邊
2A.	下肢膝主導	**單腳蹲**	8 次／邊	8 次／邊	8 次／邊
2B.	上肢水平推	**負重伏地挺身**	8 次	8 次	8 次
2C.	核心訓練	農夫走路	40 步	40 步	40 步

課表的主體結構及變化並不難，但需要視每個人的狀況及需求來調整，一定要規律地訓練，才有辦法累積這方面的能力。

9

Chapter

常見訓練問題解析

科學貴在實踐，我始終相信肌力訓練是門「簡單」的運動科學，所以希望以簡單的方式來呈現這本書的內容，但可能你沒接觸過這類的訓練系統，所以在閱讀時會對於訓練流程感到陌生甚至覺得複雜，這完全可以理解。

以我的學習經驗來說，我是一位無法透過閱讀來理解長句子或密密麻麻文章的人，必須透過「圖示」、「影像」及大量「操作」，才有辦法了解文字背後的意義，並與大腦產生連結，所以在這本書才會透過大量的圖片來進行說明。

因此，在最後這個章節，我蒐集了在教學上常遇到的問題與大家分享，希望能夠解決大家由於還不熟悉訓練系統，在操作上可能會遇到的一些狀況。

熱身儀式

課表的執行並不難，以我實際教學經驗為例，保守估計 60 分鐘內會完成，規律進行幾次訓練之後，身體就會記住整個操作流程。特別要強調的部分是「熱身」，熱身很無聊，而且又沒有負重，感覺實質意義不大，所以隨便做一做甚至是跳過的大有人在，不管是一般民眾或教練都有這個情況。

要建立訓練的「儀式感」，穿著適當的服裝及鞋子是一種方式，但熱身運動也是一個重點，它決定了你訓練的狀態，尤其當你下了班，趕到健身房訓練，或者在家健身。在這邊分享《原子習慣》書上提到的「兩分鐘法則」：

新習慣的開始應該要花不到兩分鐘。

愈是把一個過程的開頭儀式化，愈有可能進入成就大事所需的高度專注狀態。每次健身前都做一樣的暖身運動，會更容易讓自己進入巔峰表現的狀態。

在這個課表中，兩分鐘法則指的就是「肌肉喚醒操」，它很簡單，但對你順利地完成訓練課表會很有幫助。

在寫這本書時，編輯希望我寫一個「精簡版」的熱身流程，因為人們去健身房，熱身時間很短，但我沒有妥協，因為這本書上寫的熱身流程都是「重要」而「基本」的。若沒有人帶，照著書上做，一開始你可能會花比較長的時間，但只要操作幾次，動作熟悉後，其實熱身是很快的，而且會變成一個「儀式」，當你做完後，更能流暢地切換到「訓練模式」。傳奇球星鈴木一朗在每場比賽前都會做一模一樣的暖身運動，讓他更容易進入比賽的狀態中，這是一個經典的「兩分鐘法則」的經典案例。當你「了解」熱身的重要性時，就會更願意去執行它。

怎麼知道動作是否做對了？

操作肌力課表時，在下肢動作中會強調脊椎中立，但事實上，在上肢動作及核心訓練動作也要維持脊椎中立，這件事不會因為動作類型而改變，這一點務必要記住。而進行動作時，會遇到一個問題：怎麼知道動作是否做對了？

首先，第一次學習新動作時，它不可能就是完美的，一定會有多餘的動作，使用到不在預期之內的肌肉群，導致奇怪的地方會痠，這是為什麼初學者來進行動作時，多半不像書上寫的完美；但當你規律地進行訓練後，動作軌跡及控制愈來愈好，多餘動作逐步減少，就會慢慢吻合書上寫的內容。也因為初期在學動作，容易用錯力，才會強烈建議遵守「先掌握徒手動作，再進行漸進重量」這個原則，即使用錯力，因為是徒手或者輕負荷，受傷風險可以降到最低。

此外，在教學時，我也被常問到「這動作是什麼肌肉在用力？」進行動作時，我會跟學員說，這動作是練什麼功能，但不會說是什麼肌肉在用力，因為對大多數的民眾來說，他們不認識身體每一塊肌肉的名稱及位置，也沒辦法隨心所欲控制肌肉的收縮及放鬆，所以我不會教「什麼肌肉用力」，而是用「外在指導語」或「比喻」來做教學。

簡單來說，指導語分成「內在指導語」及「外在指導語」。內在指導語重點在如何產生動作，它會引導學員把注意力放在身體上，同時學員需要認識「肌肉解剖術語」與身體的知覺。而外在指導語，則是自外在環境來看，身體產生的結果。對於複雜的動作，外在指導語更為有效。舉例來說：

教分腿蹲動作時，身體向下的動作，內在指導語的說法是:「屈曲雙腳的膝關節」，但是我會說：「身體像電梯一樣，讓軀幹是直上直下。」

教髖主導動作時，髖關節往後的動作，內在指導語的說法是：「讓髖關節進行屈曲的動作」，但我會說:「後面有一道牆，臀部往後去碰牆」，這是外在指導語的方式。

外在指導語很好用，因為我們主要是透過視覺及聽覺在大腦中建立起動作的畫面，然後大腦再傳送訊號給肌肉來產生動作，外在指導語更容易在大腦建立起正確的畫面，就更容易產生正確的動作。先用外在指導語來建立「動作的軌跡」，隨著訓練經驗的累積及身體控制能力的提升，若有需要，再透過內在提示語的方式去修正動作的細節。

隧道理論

進行動作時，預備姿勢很重要，這也是為什麼書上的每個動作的步驟中，會先確定好「預備姿勢」，在《靈活如豹》（*Becoming a Supple Laopard*）這本書中，作者凱利 ‧ 史達雷（Kelly Starrett）提到了「隧道概念」：

以良好的姿勢開始，才能夠以良好的姿勢完成。教練弄錯重點，把練習目標放在改善完成姿勢，但其實真正的問題在起始姿勢。

我認為最經典的案例有兩個，第一個是「俯臥姿勢」的動作，像是伏地挺身；第二個是「髖關節鉸鏈」的方式負重的動作，像是壺鈴硬舉。

首先，「俯臥姿勢」動作，以伏地挺身為例。進行動作時，我們常會忽略預備姿勢，直接就進入棒式，然後開始針對姿勢來做調整，像是臀部不要翹、下背不要塌等，接著再開始進行動作。以上情況就像「隧道概念」提的，教練弄錯重點了。

因此，在教學上，凡是「俯臥姿勢」的動作，都會先從預備姿勢「四足跪姿」，以良好的姿勢開始，然後再從這個動作進行後續階段。

1. 手腕在肩膀底下，想像手掌把地面攤平。
2. 膝蓋在屁股底下。
3. 腳掌要勾起來。

【圖 9.1 四足跪姿】

當你要進行伏地挺身，從四足跪姿開始，然後雙腳往後伸直，腳跟往後踩，臀部收緊，進到「棒式」動作，接著就可以開始操作。

【圖 9.2 雙腳往後伸直，腳跟後踩】

第二，從地面或低處把重量拿起的動作也是一樣，有教學方式是先彎下身體下去拿重量，然後再調整姿勢，維持適當的體線（骨盆、椎脊、頸椎呈一直線），對於動作察覺較差的人來說，從不當姿勢調整到適當體線是有難度的。

不只是操作動作的過程中要維持脊椎中立，事實上，開始從低處拿起重量的「預備動作」時，就要維持脊椎中立，這部分在準備預備姿勢時，要特別留意。

【圖 9.3 在預備動作時就要維持脊椎中立】

重量不夠重，怎麼發展肌力？

操作課表時，可能會面臨到重量不夠重的問題，尤其是在家訓練，提供兩個解決辦法：

● 提高反覆次數

「大重量．低反覆次數」及「小重量．高反覆次數」皆可以達到肌力成長，只是「大重量．低反覆次數」對於提升肌力成長比較顯著而有效率。但重量不夠重的情況下，可以選擇「高反覆次數」，雖主要是發展肌耐力，但肌力也會進步。

● 漸進到單腳動作

漸進到單腳動作，如單腳蹲、單膝直膝硬舉等，使用「體重」來做為負重。

有一篇研究〈Load Comparison Ratio in Single and Double Leg Movements〉指出：「髖關節以上的重量約占體重的 68%，下肢佔 32%，代表每隻腳占體重的 16%」。

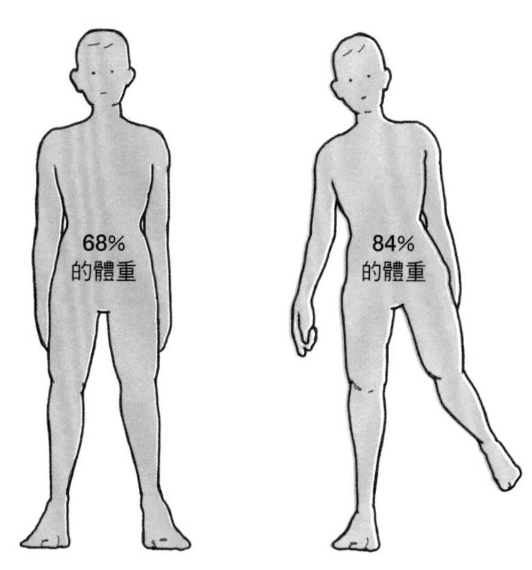

【圖 9.4 雙腳著地與單腳著地所承受的重量不同】

以分腿蹲為例，若前後腳承受的重量是一樣的，每隻腳承受的重量是「68%

體重＋額外負重」的一半；若進行單腳蹲的動作時，每隻腳承受的重量是「84% 的體重＋額外負重」（如圖 9.4）。

舉例來說，若體重 80 公斤，手邊只有 10 公斤啞鈴，在進行分腿蹲時，每隻腳承受 32.2 公斤，若進行單腳蹲時，每隻腳承受 77.3 公斤，對於下肢來說，這重量有著明顯的差別。

理論確實很美好，但單邊動作難度比較高，並非每個人都具備足夠能力來進行，但若你擁有好的肌力，事實上可以善用「體重」來做為負重。

無痛訓練原則

最後一點要提醒的是「無痛訓練」，感覺理所當然，但有再提醒的必要性。

在進行肌力訓練時，以無痛的方式進行，稱為「無痛訓練」原則，這是由《麥克波羅伊功能性訓練聖經》作者麥克 ‧ 波羅伊所提出。這是理想的狀況，但實務上未必能夠達到，麥克說過，當他們訓練中心的客戶告訴教練不舒服時，通常是很疼痛了，所以教練必須觀察客戶訓練後的動作來了解狀況。

我偶爾會聽到這一種說法：「疼痛，練久了就不痛了」，我認為這是一種誤解。

這裡所謂的「痛」應該是指「痠痛」不是「疼痛」。肌力訓練會產生「延遲性肌肉痠痛」，這是一種在運動之後 24 ～ 72 小時才出現的肌肉痠痛，通常持續兩到三天，若持續維持原有的訓練頻率及內容，這個延遲性肌肉痠痛的程度會慢慢降低，所以練久了，就不會這麼痠痛。

疼痛，在訓練當下，除非受傷很嚴重，否則很難感覺出來，這是因為軟組織熱開使得身體對疼痛的敏感度下降。當你訓練結束，身體冷卻下來，疼痛就會冒出來，晚上睡覺後，身體產生修復，隔天起床疼痛可能會更加明顯。疼痛會反覆出現，休息就好轉，訓練就加劇，不理會繼續練，不只疼痛不會因此消失，還可能進一步發展出錯誤的肌肉發力機制。我曾接觸過一位客戶，就是受到「疼痛，練久了就不痛了」說法的影響，自學肌力動作，但忽略疼痛的嚴重性，最後反而受傷了，才來尋求教練的協助。

對初學者來說，尤其平常可能就有慢性疼痛的問題（如肩頸、下背或膝蓋疼痛），因為缺乏訓練經驗，比較難確實分辨什麼是肌肉「痠痛」或「疼痛」，或者什麼是訓練造成，什麼是生活習慣導致的，因此我會建議，除了觀察身體的反應外，訓練動作要堅守基礎動作，不要急於想挑戰更大重量或更難的動作，能夠正確掌握動作，訓練時不會疼痛也沒有加劇身體原有的問題，再接著去挑戰更難的動作。

附錄
重點動作示範影片網址清單

本書各重點動作示範影片除了可透過掃描書中 QR Code 進入外，亦可從以下連結進入：

全書示範影片播放清單

https://youtube.com/playlist?list=PLKCcdlHfSbyHfUknDr3ZQLz1OK1ILKouD

01 第二章 橫隔膜反射區操作方式 胸骨前側

https://youtu.be/YJn5B8V6lFw

02 第二章 橫隔膜反射區操作方式 肋骨下緣

https://youtu.be/lQF-xQoJ1bQ

03 第二章 腰肌反射區操作方式

https://youtu.be/6AdH96kOmLA

04 第二章 臀部反射區操作方式 耳根後

https://youtu.be/rBJidMfW5Tw

05 第二章 臀部反射區操作方式 頭蓋骨底部

https://youtu.be/rCONzSVyi6w

06 第二章 核心肌群反射區操作方式 大腿內側

https://youtu.be/YOHztbAbqbY

07 第二章 大腿後側反射區操作方式
https://youtu.be/r_zQm4BedKo

08 第二章 側線反射區操作方式 臀中肌 & Fascia Lata
https://youtu.be/bOOQ4eL6MFI

09 第二章 側線反射區操作方式 髖內收肌群
https://youtu.be/IsPIbyZvLHc

10 第四章 髖內收動態伸展
https://youtu.be/CgmsHe3L0bw

11 第四章 髖外展動態伸展
https://youtu.be/k9bCU0MRR68

12 第五章 運動員姿勢的髖關節內旋／外旋－單邊
https://youtu.be/HNYXWvUBj0E

13 第五章 運動員姿勢的髖關節內旋／外旋－雙邊
https://youtu.be/gL_Cryp0EnQ

14 第五章 運動員姿勢的髖關節外展－原地式
https://youtu.be/fZZc3aohioo

15 第五章 運動員姿勢的髖關節外展－原地式＋手部動作
https://youtu.be/EcRTDBP8kQ0

16 第五章 運動員姿勢的髖關節外展－移動式
https://youtu.be/Fzwlkmfpr24

17 第五章 運動員姿勢髖關節 45 度伸展－原地式
https://youtu.be/0DKDzZ5fG1I

18 第五章 運動員姿勢髖關節 45 度伸展－移動式

https://youtu.be/0lleB3jGtUs

19 第五章 以迷你彈力帶進行徒手深蹲

https://youtu.be/7M73WmvHjAc

20 第六章 徒手分腿蹲

https://youtu.be/N3Vn8ivJ_0Q

21 第六章 啞鈴酒杯式分腿蹲

https://youtu.be/Dn2rt1Dhtkc

22 第六章 雙手持負重分腿蹲

https://youtu.be/lS1P8S6Blto

23 第六章 啞鈴酒杯蹲

https://youtu.be/U71U3SXR-rs

24 第六章 後腳抬高蹲

https://youtu.be/-UOxmanrtuY

25 第六章 單腳蹲

https://youtu.be/3Hch_u3ukU4

26 第六章 踩網球單腳蹲

https://youtu.be/-Kvsqcd_PpE

27 第六章 壺鈴硬舉

https://youtu.be/7kTZyKzlk2M

28 第六章 六角槓硬舉

https://youtu.be/T4NjKP9dMjI

29 第六章 徒手單腳直膝硬舉

https://youtu.be/J02ewxyVigM

30 第六章 壺鈴負重單腳直膝硬舉 單手

https://youtu.be/GxWEPbHp7bY

31 第七章 單跪姿斜向畫線

https://youtu.be/hGu7afUyN4A

32 第七章 分腿靜態維持的斜向畫線

https://youtu.be/Ich56FbmIuM

33 第七章 動態分腿的斜向畫線

https://youtu.be/ZnxbDsPOouY

34 第七章 登階的斜向畫線

https://youtu.be/XdQ6FbNnfkk

35 第七章 單跪姿負重繞頸

https://youtu.be/Ahu6QwxmWCY

36 第八章 毛毛蟲

https://youtu.be/cgXmP-NQBME

37 第八章 側蹲

https://youtu.be/NMchjHnrXBE

38 第八章 農夫走路

https://youtu.be/VznxeotM2CI

從年輕人到銀髮族都適用的強膝訓練

一週兩小時，從喚醒肌肉、關節、結締組織到打造關鍵功能性肌力，從此遠離膝蓋疼痛及退化，擁有不易受傷、行動自如的身體

生活風格 FJ1071

作　　者　梁友瑋（山姆伯伯）
責任編輯　謝至平
行銷業務　陳彩玉、楊凱雯、陳紫晴、林佩瑜、葉晉源
封面設計　倪旻鋒
內頁設計　傅婉琪
攝　　影　陳奕翔
插畫繪製　馮議徹
示範教練　胡嘉宏（Coach Tiger）

發 行 人　凃玉雲
總 經 理　陳逸瑛
編輯總監　劉麗真
出　　版　臉譜出版
城邦文化事業股份有限公司
台北市中山區民生東路二段 141 號 5 樓
電話：886-2-25007696　傳真：886-2-25001952

發　　行　英屬蓋曼群島商家庭傳媒股份有限公司城邦分公司
台北市中山區民生東路二段 141 號 11 樓
客服專線：02-25007718；25007719
24 小時傳真專線：02-25001990；25001991
服務時間：週一至週五上午 09:30-12:00；下午 13:30-17:00
劃撥帳號：19863813　戶名：書虫股份有限公司
讀者服務信箱：service@readingclub.com.tw
城邦網址：http://www.cite.com.tw

香港發行所　城邦（香港）出版集團有限公司
香港灣仔駱克道 193 號東超商業中心 1 樓
電話：852-25086231
傳真：852-25789337

馬新發行所　城邦（新、馬）出版集團
Cite（M）Sdn Bhd.
41-3, Jalan Radin Anum, Bandar Baru Sri Petaling,
57000 Kuala Lumpur, Malaysia.
電話：+6（03）90563833
傳真：+6（03）90562833
讀者服務信箱：services@cite.my

一版一刷　2021 年 12 月
一版二刷　2022 年 2 月
I S B N　978-626-315-042-3
售　　價　450 元

〔國家圖書館出版品預行編目(CIP)資料〕

從年輕人到銀髮族都適用的強膝訓練：一週兩小時，從喚醒肌肉、關節、結締組織到打造關鍵功能性肌力，從此遠離膝蓋疼痛及退化，擁有不易受傷、行動自如的身體/梁友瑋(山姆伯伯)著．-- 一版．-- 臺北市：臉譜出版：英屬蓋曼群島商家庭傳媒股份有限公司城邦分公司發行，2021.12
面；　公分．--(生活風格；FJ1071)
ISBN 978-626-315-042-3(平裝)

1.運動訓練 2.運動健康 3.下肢　　528.923　　110018008